乳幼児のための豊かな感性を育む身体表現遊び

青山優子／井上勝子／蛯原正貴／
小川鮎子／小松恵理子／高原和子／
瀧　信子／宮嶋郁恵／矢野咲子

共著

ぎょうせい

まえがき

　自己を表現し他者の表現を受容し、そして理解することは、全面的な人間形成の根幹をなすものといえる。特に、乳幼児期は心と身体が密接に結びついて自己を表現することにより、全面的発達を遂げていく。乳児は"泣く"という現象を通して欲求を表現し、幼児は体や言葉によって自己の欲求や感情を表現する。この表現されたことを周りがどのように受け止めるかにより、子どもの物事への取り組みや意欲が変化する。

　保育における表現は、あらゆる面から総合的に配慮されなければならないが、とりわけ「表現遊び」は、身体発達はもとより、精神的発達においても想像力を育み、情緒を安定し、感性を豊かにする。また、身体を通して自分を思い切り表現することで、楽しいという要素が加わり、考える力や創造性を養う。社会的発達においても仲間と一緒に取り組むことにより、互いに共感し、コミュニケーション能力を高めるといった心の発達にとって重要な要素が含まれている。子どもは楽しい「表現遊び」をすることにより、物事に意欲的に取り組み、心身ともに元気で活発な子どもに育つと考えられる。

　近年、少年犯罪の低年齢化と凶悪化は驚くばかりであるが、育つ過程でのアタッチメントをはじめとする乳幼児期の心の発達の問題が、多くの方面から指摘されている。高度情報化や核家族化などの社会システムの激しい変化により、人間同士や自然とのふれあいによる心の発達が阻害され、命の尊さや他者の心を理解することができない人間が育ち、想像できないような犯罪が起こっている。そこで乳幼児期から子どもの心の育ちにもっと目を向けなければならない。

　保育実践の中で、「表現遊び」の機会を多く子どもたちに提供し、感性豊かな子どもの育成に力を注ぐことは、心の発達につながり、これからの時代に大切なことと考えられる。したがって、保育者養成機関においては、一人一人の子どもの豊かな表現を引き出し、適切な援助ができ、表現力の豊かな保育者の養成が求められる。

　著者は、日頃、保育者養成学科のある大学で学生たちの身体表現の指導に当たり、自らの子育て経験も含め、保育現場の状況にも長年にわたり携わっている。また、2002年より、「表現遊びの指導に関する研究会」を立ち上げて研究を進めてきた。今回、その成果をまとめて分担執筆した。幼児教育、保育を目指す学生はもとより、現職の保育者、子育て中の保護者の皆様に活用していただきたいと願っている。

　"未来を担う子どもたちが、心豊かで幸せに育つことを願いつつ……"

　2020年　春

　　　　　　　　　　　　　　　　　　　　　　　　　　　　　　　著者一同

●本書は、平成29（2017）年告示「幼稚園教育要領」「保育所保育指針」「幼保連携型認定こども園教育・保育要領」を踏まえて、『新訂　豊かな感性を育む身体表現遊び』（ぎょうせい、2011年刊行）を改訂したものです。

目　　次

第1章　表現のとらえ方

1　表現の意味

(1)　表現とは

　人間は、内面（心）で感じたことや考えたことをその人なりの表情、身振り、言葉、音、物など様々な媒体を通していろいろな方法で外に表す。端的にいえば、この外に表すことを「表現」という。

　例えば、美しい景色を見た時、心から感動し、大きな身振りとともに「ワー、きれい！」と感嘆の言葉が出たり、思わず歌を口ずさんだり、絵筆をとって景色を描きたくなるなど、人間は感じたことや考えたことを何らかの方法で外に表す行為を日常的に行っている。

　毎日、無意識に行っている挨拶でも、人とのコミュニケーションを持つ大切なきっかけになり、顔の表情や声のトーンやお辞儀の仕方など、その人なりの表現になっている。このように表現は、芸術的なものばかりでなく日常生活の中に常に存在し、特別に意識することなく行われている場合が多いが、徐々に意図性を持ち、他人への伝達手段としての機能を持つようになる。

　乳児は泣くことにより自分の欲求を表現するが、母親や保育者が泣き声を聞いてそばに来て世話をしてくれたとすると、はじめに泣いた時から次第に親や保育者を呼ぶ方法として意識化され、「泣く」という表現が伝達手段としての機能を持つようになる。日頃、表現が持っている機能やそれがもたらす作用をそれほど意識することはないが、実際にはそれらの機能や作用を前提にして表現行為が行われている。

　表現することは、日常生活の中で省くことのできないコミュニケーション手段であり、表現する中で自分の存在を確かめ、自分の内面を拡げ、そこに新しい自分の表現を創り出すという充実した体験を求めることでもある。

　また、表現的な体験を繰り返す中で表現の持つ機能や作用を感じ取り、表現の方法を学び表現する能力を育てていく。この表現する能力は、周囲の人間がどのように受け止めるかにより表現する意欲とともに高まる。それゆえ、他人が表現していることに対する気づ

きや理解が表現能力を育てる大切なポイントになってくる。したがって、親や保育者にとって、子どもの表現能力を育てるために子どもの様子を常に観察し、子どもが何を表現したいのかをくみ取り受け止めることが大切である。子どもの思いに共感し受容することにより、子どもは情緒を安定させ、表現することへの意欲を高めることができるようになる。そのためには、保育者は常に子どもの行為に関わり、子ども自身の表現したいことは何なのかを把握するための手がかりを得ることが必要である。また、表現は心に感じ感動したことを外に表すので、日常生活の中で子どもが感動できる体験を多くすることや、よりよい環境づくりが必要である。

(2)　表出と再現

　表現活動には、表現のきっかけとなる「表出」と「再現」という二つの要素が存在する。「表出」とは、無意識に生理的に表されるもので、思わず出るあくびや笑顔、泣き顔、また快、不快な顔など、自分でしようと思わなくても、自然に出てくる人間のしぐさや表情などである。人間は、嬉しい時は楽しそうな明るい表情になり、悲しい時は沈んだ苦しい表情になり、思わず涙が出るなど自分で意識しない様々な現象が現れる。快、不快、怒り、恐れなどの情動は、大脳皮質の「古い皮質」でコントロールされているが、生後3か月頃から未分化な興奮が、快、不快、に分化し、さらに怒り、恐れ、嫌悪など個々の情動に分化していく（「生後3年間の情緒の発達」第2章図2-2参照）。このような精神活動が顔の表情、呼吸、筋肉、腺分泌の変化を通じて外部に表れることを「表出」と呼んでいる。

　快感は、本能の欲求が思う存分満たされた時覚える心であるが、人が快感を覚えた時は表情にも笑顔が浮かび、体全体がリラックスして穏やかな状態になる。一方、不快感を覚える時は、表情も険しくなり、体が緊張して筋肉も硬くなる。不快感が高じると怒りの心になり、拳を握り締めたり呼吸が荒くなったりする。情緒の発達と相まって「表出」も多様化し、表出から表現へと発達していく。0歳から3歳までは、「表出」中心の時期であり、3歳以降が表現を中心とした時期と考えられる。さらに4、5歳になると、表現が深まり、個々の表現を周りの仲間と共有しようとするようになる。すなわち、自己の内面の表現から他者との関わりに目がいき、体験の共有を意図する表現へと深められる。この頃になると、子ども同士が話し合い「運動遊び」や「表現遊び」を楽しむことが可能になる。

　「再現」とは、以前に学習した物事が時を経て再び現れることである。すなわち、過去に起こった意識内容が、ある条件のもとでまた意識に現れ、行動に移されることである。「表出」は他者を意識せずに自分の欲求を外に表すことであるが、「再現」は話すことが周りの人の音声を模倣することから始まるように、自分の外にある音声や形、動きなどを模倣し、その人やそのものになったつもりになることである。幼児は、ままごとの中で父母の話し方や動作をそっくり模倣しながら遊んでいる。これは家庭生活の「再現」であり、繰り返し遊んでいるうちに表現の方法として身に付いていく。

　乳児が泣くのは「表出」であり、泣くと親や保育者が来て世話をしてくれると、次から親や保育者に来て欲しい時には泣くまねをするようになる。これは泣くという行為を「再現」することで、親や保育者の注意を引き「そばにいて欲しい」という欲求を「表出」し、自分の欲求を表現するために泣くことを再現する。このように「表出」と「再現」は、相互に作用し合って一つの表現を作っているものと考えられる。運動会の後、園庭でリレーごっこやダンスがしばらくの間続いたり、歌や踊り、劇などの発表会の後、他のグループの模倣をしたり、自分たちのグループで行ったものを何回も繰り返し行っていることがある。これは感動した体験を「再現」することで欲求を表現しているのである。

2　表現と感性

（1）　感性とは

　人間は、目、耳、鼻などの感覚器官を通して外界の事象を受け止め、感覚や知覚を通じて物事を感じる。この物事を感じ取る能力を「感性」というが、「感性」については主に三つの意味でとらえることができる。

　一つ目は、「感覚」であり、視覚、聴覚、触覚、味覚、嗅覚などの五感を通してとらえられ、自然や社会事象の中で物事を識別できる力である。例えば、本物の花とよく似た造花との微妙な違いを識別できるのも、この力によるためである。幼児の五感は未分化なため、音が絵に描かれたり見えない風に色を感じたりする。

　二つ目は、「感受性」であり、「感覚」と同じで「感性」の受動的な部分である。「感受性」は、ただ感覚の鋭さだけでなく、環境や周りの人の表情などから心の変化を知り得るなど、感覚された対象の内容についても知り得る力であり、すなわち相手の表情や言葉からその人の心情が読み取れる力である。自然や生き物、建物や樹木、家族や友達など、すべての環境と関わる中で、感覚的な鋭さだけでなく、傷ついた動物を見てその痛みを感じ、入道雲を見て間もなく夕立が来るであろうことを察知するなど、感覚されたものの内容について知り得る力である。「表現」は、相手が感受性を備えていてはじめて成り立つといえる。

　三つ目は、「感情」であり、外から受け入れた刺激に対して自ら反応しようとする能動的な部分であり、「感覚」によって識別され、感受性によって知った内容の価値を判断する力である。客観的な事実に基づいた合理的な推理や計算からではなく感情的、主観的価値基準によって、例えば、好き、嫌い、可愛いい、かっこいい、かわいそう、嬉しい、悲しいなど直感的に判断する働きである。これが「感情」であり、感覚、感受性、感情を併せて「感性」という。価値認識ともいわれ、自然現象や人間の行為に対する感情的な価値判断が行われる。個人によってその直感力や豊かさが異なり、同じ刺激を外から受け入れてもその反応は人によって違いがある。ある人は、その刺激を快い感じで喜びとして受け

取り、またある人は、その刺激を不快、あるいは怒りとして受け取ることもある。

　このように反応としての快、不快、喜怒哀楽などの感情が起こり、それが原動力となって動く、話す、創る、描くなどの方法により行動の具体化、形象化が表現になる。幼児の感情は、この三つが複雑に絡み合った現象として現れる。

　人間は、日常生活の中で無関心なことに対して感覚も感情も働かず見過ごしてしまう。感覚を訓練するということは、気づくことを成長させることでもある。何事も漠然と見るだけでなく、よく観察することが大切であり、感覚を訓練することにつながる。感覚は、常に訓練をしなければ次第に鈍化してしまう。

　幼児は環境と関わる中で、よく見たり、聴いたり、触れたりして感覚を磨き、感受性を深め、感情を豊かにし、感性を磨くことによって豊かな表現につながる。また、保育者も様々な事象に自ら関わる中で感動することは、豊かな感性を持つことにつながり、その感動したことを子どもに伝え共有することで、子どもが表現することに気づき、気持ちを読み取ることができる。保育者の気づきを成長させるためには、常に忙しさに追われることなく、時間のゆとりや心の余裕が大切である。

(2)　表現と想像

　想像とは、現実の知覚に与えられていない事物の心像（Image）を心に思い浮かべることであり、過去の経験を再生する場合と新しい心像をつくる場合がある。

　人間は、日常生活の中で現実にあることに対する思考と、空間的に現実にないことに対しての思考とを同時に行いながら生活している。現実にない未来に思いを馳せ、「ああしたい」「こうしたい」と思い描き実現を目指し努力していくことは現実逃避であってはならないが、現実認識に基づき実現に向かう時には、生きる活力につながるため意味あることである。

　また、人間は生まれた時からイメージを獲得し始め、経験したこと、感じたこと、知識として得たことなど、すべてがイメージとなって脳に蓄えられることから、人間の脳はイメージタンクともいわれている。イメージは受動的に外の世界の力で創られるものではなく、人間が自ら能動的に創り出すものであり、知覚したそのままの姿ではない。確かに知覚に支えられているが、イメージには能動性、変形性、操作性があり、それが想像活動を生み出す。すなわち、想像活動という精神作用はイメージタンクの中のイメージを材料にして加工し、新しいイメージを創り出すことを意味している。

　想像は、個人の経験に基づいて描かれるが、実際の体験のほか、絵本、テレビ、劇、お話などから得た間接の体験も組み合わされ統合される。想像に真実を与えるのは感覚であり、感覚は気づくことでもあり、気づくことの記憶的発展としてイメージが築かれる。想像とは現実には見えない様々な事象を思い描くことであり、他者の気持ちになって考えてみることでもある。

　幼児は、想像に基づいてよく架空の世界に遊ぶことがある。現実ではないけれど自分が

なりたい人物や怪獣になりきってよく遊んでいる。それらの「ごっこ遊び」や「劇遊び」は、子どもが登場人物や動植物、あるいはある物の気持ちになってイメージをふくらませ、体の動きや言葉、声などで表現し架空の世界で遊んでいるのである。このような経験は、架空の世界を現実にあるように想像して受け入れているため、大人の考えを押しつけず、子どものイメージで思い切り遊ばせることが想像力を高めることになる。スポーツやゲームも決められたルールで仲間と一緒に遊ぶ中で一喜一憂して楽しみ、そして新しいイメージをつくることから、遊びやスポーツは多くの想像と関わっていることが分かる。また、個人の経験に基づいて成立する想像は、本来個人のものであるが、仲間と共有する部分も多くある。

　幼児は「ままごと遊び」が好きで繰り返し遊んでいるが、これは家庭生活の再現である。大部分の家庭が同じような生活をしているが、個々のケースによっては異なる点もあり、経験的思考だけでなく想像することによって遊びが成立しているのである。人間の想像的能力は幼児期が最も活発に発達し、この時期を逃してしまうと今後は自由な発達を望むことはできない。したがって、幼児の想像は奨励され自由に解放されるべきであり、動かないでじっと考え、そして空想する時間も保障することが必要である。人間はイメージを豊かにすることにより思考を深めながら、いろいろな方法で表現することができる。

③　表現と創造性

（1）　創造性とは

　創造性とは、「新しい価値あるもの、またはアイデイアを創りだす能力、および創造的人格である[1]」とも定義づけられる。過去の経験や学習から枠を拡げ未来に目標を設定し、価値を追求してその実現を図ろうとする創造的行為は、パーソナリティとも深い関わりがあると考えられる。

　創造性における新しさの意味は創造性のレベルにより異なり、社会的、文化的に価値ある新しさと、個人にとって価値がある場合とがある。マズロー（Maslow, A. H）[2]は「特別な才能や創造性」という場合の新しさの意味は社会的基準であり、その新しさは社会にとって価値があるかどうかで評価されると述べている。これに対して「自己実現の創造性」は、個人的基準であり、社会にとってはとりたてて新しいと感じられるものでもなく、社会的に高く評価されるわけではないが、その人にとっては価値があり、「自己実現」ということもできるとしている。

　また、創造性を全人格特性として考える場合、新しく創り出されたものに重きを置くよりも新しく創り出す過程が重視される。なぜなら創造する過程は人間の生き方そのもので

---

　1)　佐藤三郎・恩田彰：『創造的能力―開発と評価』東京心理、1978
　2)　Maslow, A. H：（1908～1970）アメリカの心理学者5段階の欲求階層説を唱えた。

あり、外部に表現しようとする欲求ばかりでなく、他者に伝達しようとする欲求が働いているからである。しかし、創造の結果生み出されたものも、人間の生き方に影響を与えるため無視することはできない。

　創造性の分類として、創造性には創造力と創造的態度という二つの側面があり、さらに能力としての創造性は、創造的思考力と創造的表現力に分けられる。特に幼児との関わりにおいて重要なことは創造的思考力であり、創造的思考力は、発散的（拡散的）思考と直感的思考に分けられる。発散的思考は、新しく価値ある思考を生み出すことで既成の論理にこだわることなく、自発的に各人が独自の視点から問題に取り組む過程であるため、その結果出される答えは、必ずしも一つに限られるものではなく、多様な考え方から複数の答えが生じる。創造的態度は、創造性を発揮する態度と創造性を受容する態度とに分けられる。

　幼児の創造性の発達について考えてみると、幼児の物事に対する理解は創意工夫なしには非常に困難であり、探索活動による発見や創意工夫、つまり創造的思考にあるといえる。

　ピアジェ（Piage, Jean）[3]は、子どもの思考の発達的特徴を年齢に応じて段階的に分類しており、2歳児頃までを感覚運動的知能の段階、2〜6歳までを前操作的表象の段階、そして4〜7歳までを直感的思考の段階と示している（第2章1(5)知的機能の発達参照）。

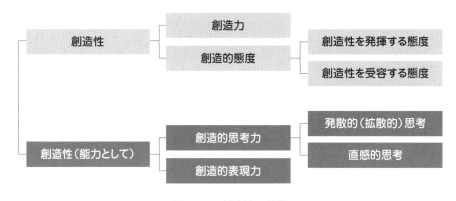

図1-1　創造性の分類

（2）　表現と創造性の関わり

　表現とは、人が心に感じたことを様々な方法で外に表すことである。表現は徐々に意図性を持ち他に伝える伝達手段となり、社会生活にとって大変重要な意味を持っている。他人に伝えることで表現する意欲が高まり、表現する能力も育っていく。創造性は新しいものを創り出す能力であり、思考する能力でもある。また、創造することは自己実現であり全人格的な活動である。単に表現する欲求ばかりではなく、他者に伝えようという欲求が働く社会的活動であり表現することでもある。

　乳児は握っているものを取り上げられると泣き叫ぶが、握る前にそばから離してもケロリとしている。また、足を立てお尻を上げるという動きができると、這うという動きがで

　3）　Piaget, Jean：（1896〜1980）スイスの児童心理学者、乳幼児の知的機能の発達について論ずる。

きるようになる。このことからも思考の原型は動作によって知り、身体によって考えるという事象があり、これを動作的思考という。ピアジェによれば、小石を並べる、積み木を積むなどの物を実際に扱い自由にしかも存分に働きかける行為が、思考能力を作るための鉄則であり創造力をつけることにつながると述べている。このことからも自由な探索による感覚運動的活動は、乳幼児にとって大切なことである。

　幼児は自分が好きな人物や怪獣に変身して、身振りや言語で表現することによりイメージをより鮮明にして記憶する。また蓄えられたイメージを材料に新しいイメージを創り何らかの方法で表現することは、新しいものを創造することにつながる。砂場でイメージしたものを創って遊んだり、可塑性に富んだ素材（牛乳パックや紙、木など）を使って好きなものを創ったりする遊びは、創意工夫しながら次々と発展していく。それらの遊びを行う中で、拡散的思考が育まれ、豊かな創造性を養う。

　過去の経験や学習から少し枠を拡げ、自分なりに組み立て個性的なものを創っていくことは表現であり創造性でもある。表現における創造性は、描く、歌う、踊る、書く、話すなどの一つの活動の中だけで問題にするのではなく、周囲の物事をどうとらえ、個性的に創造していくのかが、日常生活すべての面において重要なことであり、表現と創造性は密接な関係がある。幼児の遊びは創造性が育つ要素が十分あり、考えながら遊びを発展させることは表現することでもあり、創造性が育まれることでもある。

4　現代社会における乳幼児と表現

　近年、乳幼児を取り巻く環境は著しく変化し、乳幼児が心身共に健全な発達を遂げるとは言い難い状況である。目ざましい都市化の進展に伴う自然環境の破壊は、子どもたちが自然に触れる機会や遊びを奪い、感覚の発達や感動する機会をなくしている。高層建築が増加し生活空間は狭小になり、高い住居での暮らしは常に危険がつきまとう。すぐに戸外に出られないこともあり、子どもたちに土への感触を忘れさせる。

　人間は子ども時代の環境における多様な体験によって、他者（自然・人間）への優しさに満ちた感受性が触発されるといわれ「現代の都市生活は一戸建てにしろ、高層住宅にしろ、私的領域を重視するあまり内と外の空間の連続性の断絶が著しく、そこに住む子どもの他者への自由でのびやかな触れ合い（関係性）を損ねている傾向が強い」[4]ともいわれている。また、子どもの生活基盤が稽古事、塾通いなどで時間的にも余裕がなくなり、戸外で伸び伸び遊ぶという子どもの時代が失われつつある。

　現在の家庭の家族構成は、夫婦と子どもだけという核家族世帯が多く、三世代同居世帯が減少している。特に都市部で核家族が増加する傾向にあり、昔のように祖父母が子育てに関わることも減少し、子どもがゆったりといろいろな人と関わるという時間も空間も失われている。さらに、現代は少子高齢社会といわれ、合計特殊出生率1.43（2018年）[5]を

4）　日本子どもを守る会編：『子ども白書1993年版』草土文化、1993

示し、兄弟、姉妹の数も少なく、家庭での子ども同士の触れ合いがますます少なくなっている。加えて、母親の就労による共働き家庭も増加し親と接触する時間も減少気味であり、子どもたちにとって人間関係の体験が不足している。また、女性の就労と出産、子育ての困難さや様々な負担の増大などを背景に、最近では子育ての喜びが減少し、むしろ苦痛を感じる母親も存在し、ネグレクトや虐待が年々増加している。

見つけたよ

乳幼児の育ちと「表現」について考えてみると「表現は遊びを通して育つ」「表現は他者に受容され理解されて育つ」といわれているが、このような状況の中で、すべての子どもたちが心身共に健全に発達するとは考えられない。現代の子どもの遊びで多いのは、ゲームやテレビ、ビデオの視聴や漫画を読むなど一人で遊ぶ受身的な室内遊びであり、自然の中で様々なものを観察し、思い切り身体を動かして仲間と遊ぶことが減少している。フレーベル（Fröbel, Friedrich）[6]は「幼児の情操にとっても意志にとっても自然が重要である」と指摘し、自然への接触が幼児の感覚の発達を促し、そこに生まれる感動の大切さを説いている。現在、自然や人間と触れ合うことにより豊かな感性を持ち表現力に富む子どもを育成する手だてが必要とされている。

5　幼児教育・保育と表現

（1）『幼稚園教育要領』『保育所保育指針』『幼保連携型認定こども園教育・保育要領』と表現

平成30年より3法令が改定され、すべての子どもに質の高い幼児教育が受けられるように法の整備が行われた。以下、それぞれの教育要領や保育指針、教育・保育要領について表現との関連を見ていく。

●『幼稚園教育要領』について

幼稚園教育の基本では第1に「幼児期の教育は、生涯にわたる人格形成の基礎を培う重要なものであり、幼稚園教育は、学校教育法に規定する目的及び目標を達成するため、幼児期の特性を踏まえ、環境を通して行うものであることを基本とする。」とある。

第2には、幼稚園教育において育みたい資質・能力及び「幼児期の終わりまでに育ってほしい姿」として10項目が挙げられ、その⑩「豊かな感性と表現」では、「心を動かす出

5）　日本子どもを守る会編：『子ども白書2010年版』草土文化、2010
6）　Fröbel, Friedrich：（1782〜1852）ドイツの教育学者、幼稚園の創始者。

来事などに触れ感性を働かせる中で、様々な素材の特徴や表現の仕方などに気付き、感じたことや考えたことを自分で表現したり、友達同士で表現する過程を楽しんだりし、表現する喜びを味わい、意欲をもつようになる。」とある。

　また、領域「表現」としては「感じたことや考えたことを自分なりに表現することを通して、豊かな感性や表現する力を養い、創造性を豊かにする。」とある。

　具体的なねらいは、次の通りである。

---

(1)　いろいろなものの美しさなどに対する豊かな感性をもつ。

(2)　感じたことや考えたことを自分なりに表現して楽しむ。

(3)　生活の中でイメージを豊かにし、様々な表現を楽しむ。

　ねらいを実現する内容としては、次の8項目である。

---

(1)　生活の中で様々な音、形、色、手触り、動きなどに気付いたり、感じたりするなどして楽しむ。

(2)　生活の中で美しいものや心を動かす出来事に触れ、イメージを豊かにする。

(3)　様々な出来事の中で、感動したことを伝え合う楽しさを味わう。

(4)　感じたこと、考えたことなどを音や動きなどで表現したり、自由にかいたり、つくったりなどする。

(5)　いろいろな素材に親しみ、工夫して遊ぶ。

(6)　音楽に親しみ、歌を歌ったり、簡単なリズム楽器を使ったりなどする楽しさを味わう。

(7)　かいたり、つくったりすることを楽しみ、遊びに使ったり、飾ったりなどする。

(8)　自分のイメージを動きや言葉などで表現したり、演じて遊んだりするなどの楽しさを味わう。

と8項目にわたり、より具体的に示されている。

　内容の取扱いについては3項目あり、次の通りである。

---

(1)　豊かな感性は、身近な環境と十分に関わる中で美しいもの、優れたもの、心を動かす出来事などに出会い、そこから得た感動を他の幼児や教師と共有し、様々に表現することなどを通して養われるようにすること。その際、風の音や雨の音、身近にある草や花の形や色など自然の中にある音、形、色などに気付くようにすること。

(2)　幼児の自己表現は素朴な形で行われることが多いので、教師はそのような表現を受容し、幼児自身の表現しようとする意欲を受け止めて、幼児が生活の中で幼児らしい様々な表現を楽しむことができるようにすること。

(3)　生活経験や発達に応じ、自ら様々な表現を楽しみ、表現する意欲を十分に発揮させることができるように、遊具や用具などを整えたり、様々な素材や表現の仕方に親しんだり、他の幼児の表現に触れられるよう配慮したりし、表現する過程を大切にして自己表現を楽しめるように工夫すること。

とあり、具体的に物的環境や人的環境を整え、よりよい表現につながるように設定されている。

● 『保育所保育指針』について

　『保育所保育指針』における目標は、養護に関わる目標及び教育に関わる目標として6項目あり、表現については㈹「様々な体験を通して、豊かな感性や表現力を育み、創造性の芽生えを培うこと。」とあり、子どもが人間として豊かに育っていく上で必要となる力の基礎となることを示している。

　幼児期の終わりまでに育ってほしい事項は『幼稚園教育要領』の「豊かな感性と表現」の部分と同じである。

　さらに、保育のねらい及び内容においては、乳児期、1歳以上3歳未満児、3歳以上児の保育の3段階に分けられている。

　まず乳児期では、精神的発達に関する視点「身近なものと関わり感性が育つ」として3項目あり、3項目目に「③身体の諸感覚による認識が豊かになり、表情や手足、身体の動き等で表現する。」とあり、内容の中には「②生活や遊びの中で様々なものに触れ、音、形、色、手触りなどに気付き、感覚の働きを豊かにする。」「⑤保育士等のあやし遊びに機嫌よく応じたり、歌やリズムに合わせて手足や体を動かして楽しんだりする。」とあり、また、内容の取扱いの中には、「②乳児期においては、表情、発声、体の動きなどで、感情を表現することが多いことから、これらの表現しようとする意欲を積極的に受け止めて、子どもが様々な活動を楽しむことを通して表現が豊かになるようにすること。」など、乳児期においては、表現につながる感覚の大切さについて触れ、さらに子どもが感性や感情を豊かに持ち表現する力を身に付けていくために、生活全般を通して保育士が表情豊かに子どもに関わることの重要性について説いている。

　次に、1歳以上3歳未満では、この時期の発達の特徴を踏まえ、保育の「ねらい」及び「内容」について、5領域として示している。感性と表現に関する領域「表現」では、「感じたことや考えたことを自分なりに表現することを通して、豊かな感性や表現する力を養い、創造性を豊かにする。」とあり、ねらいは次の通りである。

---

　① 身体の諸感覚の経験を豊かにし、様々な感覚を養う。
　② 感じたことや考えたことなどを自分なりに表現しようとする。
　③ 生活や遊びの様々な体験を通して、イメージや感性が豊かになる。

　具体的な内容は、次の6項目である。

---

　① 水、砂、土、粘土など様々な素材に触れて楽しむ。
　② 音楽、リズムやそれに合わせた体の動きを楽しむ。
　③ 生活の中で様々な音、形、色、手触り、動き、味、香りなどに気付いたり、感じたりして楽しむ。
　④ 歌を歌ったり、簡単な手遊びや全身を使う遊びを楽しんだりする。
　⑤ 保育士等からの話や、生活や遊びの中での出来事を通して、イメージを豊かにする。
　⑥ 生活や遊びの中で、興味のあることや経験したことなどを自分なりに表現する。

さらに、内容の取扱いについては4項目あり、次の通りである。

① 子どもの表現は、遊びや生活の様々な場面で表出されているものであることから、それらを積極的に受け止め、様々な表現の仕方や感性を豊かにする経験となるようにすること。

② 子どもが試行錯誤しながら様々な表現を楽しむことや、自分の力でやり遂げる充実感などに気付くよう、温かく見守るとともに、適切に援助を行うようにすること。

③ 様々な感情の表現等を通じて、子どもが自分の感情や気持ちを気付くようになる時期であることに鑑み、受容的な関わりの中で自信をもって表現をすることや、諦めずに続けた後の達成感等を感じられるような経験が蓄積されるようにすること。

④ 身近な自然や身の回りの事物に関わる中で、発見や心が動く経験が得られるよう、諸感覚を働かせることを楽しむ遊びや素材を用意するなど保育の環境を整えること。

以上のように、1歳以上3歳未満の発達に合った表現について具体的に述べている。

最後に、3歳以上児の保育に関するねらい及び内容における感性と表現に関する領域「表現」は、『幼稚園教育要領』と同じである。しかし、幼稚園では、幼稚園教諭が指導や援助を行い、保育所では保育士がこれを行う。

● 『幼保連携型認定こども園教育・保育要領』について

　幼保連携型認定こども園における教育及び保育の基本は、「乳幼児期の（略）子どもの健全な心身の発達を図りつつ生涯にわたる人格形成の基礎を培う重要なものであり、（略）乳幼児期全体を通して、その特性及び保護者や地域の実態を踏まえ、環境を通して行うものであることを基本とし、家庭や地域での生活を含めた園児の生活全体が豊かなものとなるよう努めなければならない」とされ、保育の目標としては「家庭との連携を図りながら（略）生活を通して、生きる力の基礎を育成」し、「義務教育及びその後の教育の基礎を培うとともに、子どもの最善の利益を考慮しつつ、その生活を保障し、保護者と共に園児を心身ともに健やかに育成するものとする。」としている。

　「幼保連携型認定こども園の教育及び保育において育みたい資質・能力及び『幼児期の終わりまでに育ってほしい姿』」として次のように示されている。

　幼保連携型認定こども園においては、生きる力の基礎を育むため、幼保連携型認定こども園教育及び保育の基本を踏まえ、次に掲げる資質・能力を一体的に育むよう努めるものとしてア〜コまでの10項目が挙げられ、コには「豊かな感性と表現」が示されている。これは『幼稚園教育要領』『保育所保育指針』における「豊かな感性と表現」と同じであるが、幼保連携型認定こども園では家庭にいて初めてこども園に入園する子どもや一時預かりなどで集団保育を経験している子どもなど、3歳児で保育の環境が変わる子どもが多いため、個別に配慮が必要になってくる。

　また、幼保連携型認定こども園を終了した子どもは、終了までに幼稚園、保育所を卒園した子どもと同等な資質を有しなければならない。

　このような幼児教育、保育の基本と表現との関連を松本千代栄氏[7]の幼児の「表現を見なおす」(図1-3参照)[8]を参考に検証する。

　領域「健康」の「いろいろな遊びの中で十分体を動かす」は、リズム遊びと関連し、「人間関係」の「友達と楽しく活動する」は、わらべ歌遊びやごっこ遊びなどと関連し、「環境」の「自然や身近な事象に関心を持ち」は、体でスケッチする。

　「言葉」の「絵本や物語などに親しみ」は、体で表現するストーリープレイ、「表現」の「感じたことを動きで表す」など、身体表現は他の領域とすべて関連し、保育や教育の中に位置づけられていることが分かる。

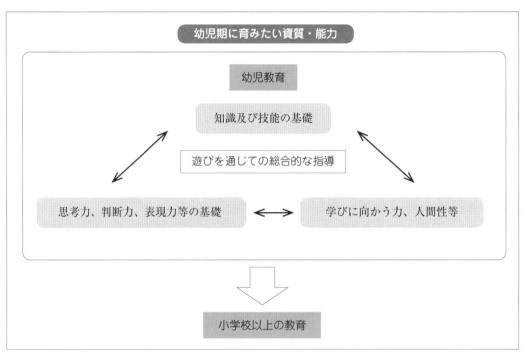

図1-2　幼児期の教育（平成29年告示幼稚園教育要領、保育所保育指針等）

7)　松本千代栄：お茶の水女子大学名誉教授。『子どもと教師とでひらく「表現の世界」』他表現に関する著書多数。
8)　松本千代栄：『女子体育』1999年7・8月号、日本女子体育連盟、1999

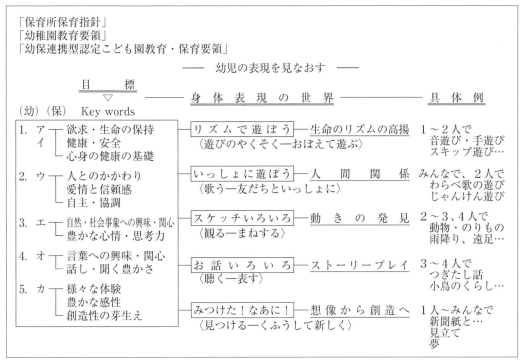

図1-3　表現を見なおす

(2)　領域「表現」の意味するもの

　領域「表現」は、豊かな感性を育て感じたことや考えたことを表現する意欲を養い創造性を豊かにしようとする観点から示され、人間が人間らしく豊かで幸せな生活を営んでいく上で重要な発達を促す視点から設けられている。乳幼児期は、一生のうちで最も発達が著しく、その時期ごとに発達上中心的な事柄がある。例えば、運動機能面の発達が著しい時期、情緒面の発達が著しい時期、社会性や言葉に関する側面の発達が著しい時期等がある。運動機能面であれば、保育者が楽しい歌を歌うと、それに合わせて幼児が手足や体を動かして表現することにより、その発達が促される。「アーアー、ブーブー」などの喃語が出始めた乳児は、手足を動かし、何らかの意志を表現しようとする。その表現を周りの人が受け止め受容することにより、人とのコミュニケーションの楽しさを感じるようになり、多くの音声言語を発し言葉が発達する。

　コミュニケーションは、表現することの根底であり、仲間と一緒に行動することや生活することは表現なしには考えることはできない。幼児は自己主張が強くよく喧嘩をするが、すぐ仲直りして一緒に遊ぶようになる。これは自発性の発達している幼児の間に起きるものであり、幼児同士で解決することにより対人関係を学び社会性が発達する。情緒面においても泣いたり笑ったりする子どもの表現を保育者がしっかり受け止め、優しい言葉かけやスキンシップをすることで情緒が安定する。情緒の発達及び自発性、能動性の発達は、知的な面の発達を助長する。

　豊かな感性を養い芸術的な方法で表現することや、イメージを豊かにして創造性を培い自己実現することは、人間の一生にとって重要な意味を持っている。現代の変転が激しい情報化社会において、状況に応じて新しい対応を自ら生み出し、行動できる創造性豊かな人格を育むことこそ領域「表現」の目指す課題でもある。

　創造的人格とは、世間体や自己の利害を離れて、素直で自由な観察力で真実をありのままとらえることのできる人格であり、固定観念にとらわれず自発性に富んだ柔軟な行動がとれることでもある。このような創造的人格を育むためには、乳幼児期から環境との様々な相互交渉の中で自己認識を形成し、自分の行動が自分の意図した効果を生むという経験から有能感や自己効力感を育むことが肝要である。

　幼児は、自分の行動を周りの人に認めてもらうことにより、自分に自信を持ち、自発性や能動性を身に付けていく。保育者は、子どもたちが日常生活の中で伸び伸びと積極的に自分を表現できるように、受容的な雰囲気作りや、子どもたちが周りの様々な事象に気づき、他を受容する感性豊かな心が育つことを援助することが大切である。このように領域「表現」は、人間的に豊かな内面の形成、主体としての自分自身の確立や自分の責任と判断において行動できる活力ある感性豊かな人間の育成を目指して、子どもの発達を考える基本的な視点の一つとして重要な意味を持っている。

●有能感　Competence

　子どもは、環境や経験からのみ一方的に発達の影響を受ける受動的な存在ではない。発達要因としての刺激が、どの子どもにも同じように働いたとしても子ども自身は主体的にそれを選択し、能動的に受け取っている。子どもは環境の中でより興味のあるものへの関心を示し、自己の動作に環境がどのように応答していくかを感知してさらに自己の動作を工夫していく。すなわち、子どもは自分の行動を周りの環境との関わりの中で展開し、工夫するなどの自己学習力を持っている。したがって、子どもの持つ能力を十分に引き出し有能化するためには、子どもが能動的に働きかけることができ、しかも子どもからの働きかけに十分応答できるような豊かな環境が必要である。例えば、周りの大人が子どもの動作を素直に認め、ほめ、奨励することにより子ども自身に有能感を持たせて主体的に取り組む力を育む。このように環境との相互関係から自らが有能であることを認める感情を有能感という。

●自己効力感　Feeling of self-efficacy

　自己効力感とは、ある課題と向き合った時、「自分はここまでできると予測することで、それが「よしやってみよう」というモチベーションの高まりとその後の発展につながる。すなわち、自分の行動により環境を変化、操作できることを認める感情であり、状況や課題を限定した上での有能さの判断と考えられる。「私でもできるんだ！」「自分の力でやり抜いたんだ！」と自信を持つことにつながる。

第2章　子どもの発育・発達と表現

　子どもの豊かな表現を育てるためには、発達の側面から考えていくことが重要である。そして、子どもの主体的な活動を促し、健やかな発育・発達を実現するためには保育者の適切な援助が必要である。そこで、保育者は子どもを正しく認識し、援助に必要な知識と技能を身に付けなければならない。出生後の発育パターンは、個体間では類似したパターンを示すが、身体のサイズや発育率には個人差があり、心身の発達については環境が大きく影響する。よって一人一人の子どもに創造性豊かな表現を育成するには、保育者は子どもの心身の発育・発達に関する一般的な傾向と個別性を理解した上で、一人一人の子どもを十分受容して援助のあり方を考える必要がある。

1　子どもの発達の特徴

（1）　形態の発育

　乳児期から幼児期前半（0～3歳）にかけては、急激に発育し（第一発育急進期）、人間として生きていくために必要な機能や構造の基本的な部分の形成期である。

　幼児期後半（4～6歳）は比較的安定した成長期であり、第一発育急進期において急速に発育した身体機能の調節を行う時期である。この幼児期全般をどのように過ごしたかで、その後の発育発達に大きく影響することになる。身長の発育は、2歳までが一生のうちで最も伸びる時期であり、その後は直線的に進み、5歳で誕生時の約2倍に達する。体重の発育は、生後1歳までが特に顕著で、誕生時の約3倍に達し、その後は緩やかな一定速度で進行し、6歳では誕生時の約6倍にまで発育する。胸囲の発育は、生後半年が顕著で、それ以降は発育の速度は緩かで、2歳以降はほぼ直線的に進行する。

（2）　体脂肪の変化

　脂肪細胞の平均直径は、誕生時で約30～40μmであるが、誕生直後の1年間で2～3倍に増大し、その後思春期まで大きな増大は見られず、性差もない。脂肪細胞の数は、誕生時で約5億個であるといわれるが、誕生後の初めのうちは顕著な増加を示さない。1～2

歳から幼児期の中期にかけて徐々に増加し、誕生時の２〜３倍になる。したがって、幼児期における体脂肪量の増加は、脂肪細胞数の増加によるものと考えられる。新生児は、平均して10〜15％の体脂肪率で生まれ、他の哺乳動物より相対的に多量の体脂肪を持っている。誕生後の１年間、体脂肪率の上昇は急速であり、１歳児の体脂肪率は20〜25％と推定される。その後体脂肪率は６〜７歳まで低下する傾向にある。

（3）　脳の発育と発達

　脳は胎生期に最も早く発育し、出生後でも早い時期に完成する臓器である。脳細胞の成熟過程は、３段階に分類できる（表２－１）。

表２－１　脳細胞成熟過程

第１段階 （０歳〜３歳頃）	脳のhard wareに相当する神経回路の配線が急ピッチに進み、動作の基本的構築（模倣）が見られる。成人脳の80％まで発達する。
第２段階 （４歳〜７歳頃）	脳のhard wareの部分が発達し、模倣から脱却して自主行動や創造が見られる。成人脳の90％まで発達する。
第３段階 （〜10歳前後）	神経細胞の配線がほぼ完成する。

　脳の活動である知性（知的な働き）は、言語的知性・絵画的知性・空間的知性・論理数学的知性・音楽的知性・身体的知性・社会的知性・感情的知性の８つに分類される。これら知性の低次の構造は、３〜４歳頃までが感受性期であり、この時期の乳幼児は何でもスポンジのように吸収し、自分のものとすることが可能である。したがって、この時期の刺激の質や量が子どもの発育に大きな影響を及ぼすことが予想される。

　大脳皮質の発育は、低次の機能を行う皮質は早く、複雑な動作を組み立てて思考するための皮質の発育は遅いというように部位によって異なるといわれている。したがって、乳幼児でも感覚及び単純な運動動作は、早い時期から見られる。

　しかし、生後まもなく見られるように、乳首がほおに触れると、その方に頭をまわして唇と舌でくわえようとする。このような運動は原始反射によるもので、動物として生きる機能の現れである。原始反射は、哺乳反射（検索反射・吸啜反射）と把握反射（バビングスキー反射・モロー反射）などがある。

　その後、次第にこの原始反射に基づいた運動は見られなくなり、学習によって身に付ける随意運動（神経機能の発達を必要とする運動）が多くなる。

　一般に、随意運動の発達は、頭から手へ、身体の中心部から周辺部へ進んでいく。さらに未分化な全体的（単純）な動きから、複雑な動きへと進む法則性がある。

（4）　運動機能の発達

子どもの運動発達の段階は「初歩的運動の段階」「基本的運動の段階」の２段階に分けて説明できる。

①　「初歩的運動の段階」

乳児期までは「初歩的運動の段階」と呼ばれ、反射的な運動が消失し、誕生直後から２歳くらいまでの時期に見られる意志や欲求が伴った随意的な運動（「這う」「歩く」など）である。例えば、目が見えるようになると、目に映る物に「触れたい」という欲求が起こり、その物へ近寄るために身体の向きを変えて這っていき、それに触れようと腕や手を伸ばす。そして、それを握ったり、放したりする運動のことである。初歩的な運動の種類は限られているが、

ア　姿勢保持のための平衡的運動

イ　自分から身体を別の場所に移そうとする移動的運動

ウ　自分の身体以外の物体を操ろうとする操作的運動

の三つに分類できる。

シャーレイ（Shirley, M. M.）[1]が、図で表した運動機能の発達を参考にし、図２-１のように示した。

２歳頃には走れるようになるが、個人差は大きい。操作的運動の発達は、19週までは腕を伸ばすだけであるが、20週から徐々に握り始める。しかし、最初はわしづかみであり、指先でつかむのは36週以降である。また、親指と人差し指でつまめるようになるのは、52週以降である。

②　「基本的運動の段階」

基本的な運動とは、初歩的な運動が２～３歳頃から６～７歳頃まで多種多様に分化したものであり、物に触れたり、握ったりする経験の積み重ねが次の基本的な運動へと移っていく。

運動が洗練されていくには、随

図2-1　乳児の運動機能の発達
(Shirley, M. Mを参考に改変)

1）　Shirley, M. M：アメリカの児童心理学者。

意運動を伴った身体各部位の動きや働きが必要に応じてタイミングよく運動すること（運動の統合）が重要である。このように、基本的な運動の発達段階（2歳〜6歳）では子どもたちは多種多様な運動を獲得しながらそれらを発達させていく。また、保育者はそれらを援助するには多様な動きのある運動遊びを豊富に経験させることが重要である。

（5）　知的機能の発達

　乳幼児期における知的能力の発達は、自分の周囲の事物の見分けである。「認知」などに始まり、基礎的・基本的な知的経験の積み重ねが、数多く繰り返され、結果として特定の知的能力として形成される。したがって、現時点における幼児の知的能力は、それまでの幼児の生活経験に依存し、将来の知的能力の発達には現時点からの活動体験が大きな影響を与える。知的能力を十分に発達させるのに重要なことは、周囲の事物に対する積極的な興味・関心に基づいた基礎的で基本的な幅広い体験の積み重ねである。

　知的機能の発達の連続性について、ピアジェは、幼児の知的機能の発達過程を、感覚運動的知能の時期と具体的操作の準備と組織の時期（前操作的表象の段階、直感的思考の段階）に区分して、説明している。

①　感覚運動的知能の段階（0〜2歳）

　感覚—運動的な手段で外界に適応していく時期で、言語のような象徴的機能がまだ現れない時期である。以下の6段階を経るとされている。

　第1段階（0〜1か月）：　この時期の行動は、ごく限られた反射だけである。

　第2段階（1〜4か月）：　新しい適応行動（例えば、指を吸う）を偶然発見し、それを繰り返す。

　第3段階（4〜8か月）：　引き起こした環境の変化に興味を持ち、その変化を再現しようとして、その行動を繰り返す。例えば、玩具を振ったら音がしたので興味を持って繰り返し振る。

　第4段階（8〜12か月）：　既に獲得し独立したいくつかの行動が、一定の目的のための手段として利用され、新たな全体的行動が形成される。例えば、新しい興味のある物を取るために、今持っている物を捨てる。

　第5段階（12〜18か月）：　すぐには達成できない目的のために、既に獲得している行動パターンを変化させて、目的が達成できるように繰り返す。例えば、手の届かない所の物を取るために棒でたたいたり、押したりの行動を繰り返す。

　第6段階（18か月〜2年）：行動を頭の中で思い浮かべ（表象し）、新しい手段を発明する。例えば、目的の所へ試行錯誤なしに、回り道して到達する。または、そこにいない母親を思い浮かべ、動作や口調を模倣するなどがある。

②　前操作的表象の段階（2〜7歳）

　感覚運動的知能の時期が終わる頃、目の前に存在しない事物をイメージとして認知できるようになる。前操作的表象の段階は、発達した表象（思い浮かべる）能力による認識機能で特徴づけられる。

　ピアジェは、この段階をさらに二つに分けている。

（ⅰ）　前概念的思考の段階（2〜4歳）

　象徴遊びが豊かになり、現実の物や人を別の物に見立て、ごっこ遊びが見られるようになる。イメージも豊かになる。

（ⅱ）　直感的思考の段階（4〜7歳）

　この段階では、概念化の能力が進み、上位概念と下位概念、一般と特殊の関係が理解でき、事物を客観的に把握する能力が発達して、子どもなりの論理性を示すようになる。

　例えば、同じ量の水を、背の高いコップから、背が低いが口径が大きいコップに移した時、水が少なくなったと答えるように、まだものの見方、推理、判断は直感的で、その時の見かけに左右されるのが特徴である。

　この段階に至ると、子どもの思考機能は、表象能力や言語能力の獲得で大きく発達するが、「自己中心的」な思考である。

（6）　情緒の発達

　「生後間もない子どもは、単なる興奮として情緒を表出し、その後、2か月頃から情緒は快と不快とに分かれ、6か月頃から怒り、嫌悪、恐れなどに分化し、1歳以降得意、愛情などに分化していく」という説（Bridges, 1932）が長い間用いられてきた。しかし、その後研究が進み、近年は少なくても誕生時にはすでに快、不快、興味の情動があると考えられている。

　Lewis（1993, 2008）は、誕生から3歳までの情緒の発達を整理し、誕生時にはすでに満足、興味、苦痛の情緒は備わっており、生後6か月頃までに喜び、驚き、悲しみと嫌悪、さらに怒りと恐れという基本的情緒が形成され、約1年の間にほぼ出揃うとしている。そして1歳半頃には「自己意識」が芽生え始め、照れ、共感、憧れという感情が形成されていく。2〜3歳頃になると親や周囲の人からどのように見られているかといった「他者の認識」の発達に伴い自尊心、罪

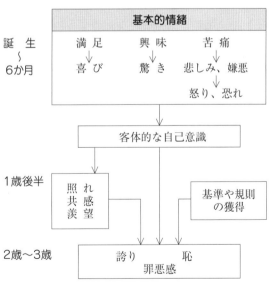

図2-2　生後3年間の情緒の発達

（Lewis, 1993より改変）

出典：繁多進編『乳幼児発達心理学』福村出版、1999

悪感、恥ずかしさといった感情が形成されるとしている。

　３歳から６歳くらいになると、情緒の表出の仕方にも変化が見られ、情緒の露骨な表出は少なくなる。一般に、快の情緒は表出されやすく、不快の情緒の表出は抑制されていく傾向にある。このような時期に、欲求不満に陥り喧嘩をしたり、奇声を発する子どもも出たりするが、友達と一緒に身体を十分動かし、心を通い合わせることが大切である。豊かな感情経験を積ませることは、子どもの欲求を満足させ情緒の安定感を持たせる意味で重要である。

（7）　社会性の発達

　幼児は２歳前後になると、一人遊びから抜け、友達を意識し並行遊びをするようになる。親の保護のもとで自己主張していた子どもが集団の中に入り協調することを学ぶ。

　友達と主張がぶつかり喧嘩になることもあるが、子どもは仲良く遊んだり、喧嘩をしたりしながら社会性や積極性が育つのである。

わらべ歌遊び（かごめかごめ）

段ボールの基地づくり

　子どもの社会的態度を形成する第一次集団として家族があるが、これに対し幼稚園・保育所は他人同士の結びつき（第二次集団）であり、家族では見られない別の社会の場がある。そこでは、集団生活への適応や家族以外の人々との新しい社会的役割の認識、または協調性や相互性を学習する場である。日々の生活や行事を通して、友達や保育者とコミュニケーションをとりながら、お互いに信頼関係が構築される中で社会性を身に付けていくことが望ましい。

　２歳頃からでもわらべ歌遊びや、身近にある素材を使って皆と一緒に作って遊ぶなどの活動は，人との関わり合いを深め、大変有効的である。

2 発達と表現

(1) 乳　児

　出生後の身体発達の中でこの時期の身長・体重の増加率は大きく、次第に皮下脂肪も増して全体として丸みを帯びた乳児の形態になっていく。同時に、視覚や聴覚などの感覚器官の発達も著しいものがある。1〜2か月頃になると、寝たままでも顔を明るい方に向けたり、見つめたり、ゆっくり動くものを目で追ったりなど、視覚探索行動を行うようになる。音への反応は快・不快の反応を示すようになり、強い刺激の音には強い泣き声をあげ、音の出るものには注視したり、優しくあやしてくれる聞きなれた声には、表情の変化の反応を示したりなど、自他関係の始まりが芽生え始める。

　また、笑う、泣くなどの表情の変化や体の動きなどで欲求を表現する。3か月頃になると機嫌のよい時にはじっと見つめたり、周りを見まわしたりする。寝ていて自由に首の向きを変えることができ、動くものを目で追うようになる。

　6か月を過ぎると身近な人の顔が分かり、あやされると喜ぶ。目に見える新しい刺激やより複雑な刺激を求めるようになる。この時期の「座る」「這う」「立つ」「つたい歩き」などの運動や姿勢の発達は、子どもの遊びや生活を変化させ、手の運動も発達してくる。

　7か月頃から一人で座れるようになり、座った姿勢でも両手が自由に使えるようになる。身体活動は座位姿勢の獲得や「はいはい動作」の発達で自発的行動が多くなり探索行動が行われるようになる。そして、手の届く物には何でも興味を示し、手でつかむことができるものはすぐに口へ持っていくようになる。また、手に持ったものを振って音を出したり、打ちつけて出る音や紙の破れる音など、音が出ることを知って楽しめるようになる。快い情緒の表出には手足をバタバタと動かしたり、声を出して笑ったりするようになる。このような乳児の表しは、自らの意志や目的意識のない情動的な表現である。やがて、1歳を過ぎる頃から周りの大人の言葉の模倣の発声や指さし（指示行為）を盛んに行うようになり、次第に子どもの意志による表現が見られるようになる。

おかあさん　みつけた！！

(2)　1歳以上〜3歳未満

　運動機能の発達がめざましく、「歩く」ことから「走る」ことへの機能も発達し、身体活動も活発になる。手の動きはまだ完全ではないが、鉛筆やクレヨンなどをしっかりと

握ったり離したりできるようになる。しかし描
画活動の動きでは、直線やぐるぐる描きの前描
画活動の段階である。言語機能の発達とともに、
外界の興味のあることに対して周りの大人に自
分の意思を伝えたいという欲求が次第に高まっ
てくる。しかし、コミュニケーションがとれる言
語としては不十分であり、子どもが表現しよう
としている言葉の背景にあるものを、大人が理
解していなければ子どもの表現としての行為は、
まだ伝達方法として機能を果たしていない。

こんなところから　手が出せるよ！！

　2歳頃になると「歩く」「走る」「跳ぶ」「登
る」などの基本的な運動機能や指先の機能が発
達する。身体運動のコントロールがうまくなるので、リズミカルな運動や音楽に合わせて
体を動かすことを好むようになる。また、外界への興味や好奇心の範囲が広がり、様々な
探索行動が見られるようになる。そこで得られた喜びや感動体験を共感できる友達や保育
者に伝えたいと思うようになる。周りの大人や他の子どもと自分との関係について、次第
に分かるようになるが、自分の思い通りにならない時の対応の仕方がまだ分からずに、か
んしゃくを起こすなどの自己主張をすることがある。

（3）　3歳以上

　基礎的な運動機能も発達し、いろいろな基本動作が次第にできるようになり、跳躍力の
獲得から遊びも活動的になってくる。広い場所で思いっきり楽しく体を動かしたり、周り
の大人に頼らずに子ども同士の触れ合いを楽しんだりするようになってくる。

　生活体験で得たことをイメージし、「○○のつもり遊び」いわゆる「ごっこ遊び」をそ
のものになりきって表現し楽しむようになる。これまでのごっこ遊びより組織的になり内
容も象徴機能や創造力を発揮した発展性が見ら
れる。豊かになった話し言葉を使い「あのね、
あのね……」「お花に水やってんの」などの大
人との会話を楽しんだり、対象や状況の説明を
したりするようになる。また、体全体を使った
身振り手振りや表情、そしていろいろな音声な
どを使い、自分の欲求・要求などを様々な方法
で表そうとするようになる。

　4歳頃では身体運動のバランスや調整もとれ
るようになり走ったり、跳んだり、ケンケン跳
びやスキップなどの運動もできるようになって

いらっしゃいませ

　くる。また、いろいろな用具を使って遊ぶことに挑戦し、なわ、ボールなどの操作技能も獲得し始める。この時期は「らくがき年齢」などともいわれ、どこにでも何にでも描きたい気持ちになり、独創的でユニークな表現の描画をするようになる。また、人のみでなく他の生き物も心があると思っていることから、空想力や想像力の展開にもつながる。子どもの外界への興味好奇心はますます広がり、周りの大人に対して話し言葉を楽しむと同時に、人や事物との関わりが豊かになって「なぜ」「どうして」などの質問を次々と発するようになる。このことは、それらとの関わりの中で自分を確かめ自他の区別を確立させ、強い自己主張の中にも他人の立場をある程度理解し、他への思いやりや共感などの感受性の高まりや情緒の豊かさを育むものである。

　5歳頃になると基本的生活習慣はほとんど自立し、運動機能もますます発達する。様々な運動を滑らかに行うことができるようになってくる。遊びの種類も多様に変化し、いろいろな遊具を使った遊びや、集団的ゲーム遊びなどの複雑な遊びも行うことができるようになる。語彙の増大や、話し言葉の文章構成の完成期に入り、身振り手振りや表情にたよらないで、話し言葉による伝達や対話が集団の中で活発に行われ、言葉による共通イメージの遊びが展開されるようになってくる。生活の中で見たり、聴いたり、感じたり、想像したり、体験したりしたことをもとに再現されるいろいろ様々な"ごっこ遊び"は、その役になりきり、本物らしさを求めるようになって、子ども同士の集団としての機能が発揮されるようになってくる。この頃には、より一層仲間の存在が重要になり、一つの目標に向かって数人でまとまって活動するなど構成遊びをするようになる。初めて集団としての機能が発揮されるようになる。子どもは、子ども同士のイメージを共有しながら描いたり、作ったり、話したり、演じたりなど様々な方法で表現している。そのようにして遊ぶ中で、子どもたちの豊かな感性が育まれる。

　おおむね6歳では基本的運動能力もめざましく発達し、全身運動はますます活動性を増し、数種類の運動の組み合わせもできるようになる。巧みさや協応性を必要とする局部的運動も充実して、手先や足先を使う運動も上手にできるようになってくる。そして縄跳びやボールけり、かけっこや鉄棒など遊びの内容もダイナミックで複雑になり、細かな動きを要するひも通しや、コマ回しなどの遊びも好んでするようになってくる。また、この頃になると遊びの内容に男児と女児の差が見られることもある。「ごっこ遊び」の役割も複雑に分化し、様々なところからの知識を生かして、創意工夫を重ねて、遊びが発展していく。気の合う友達関係も成立するが、集団の中の役割分担もしっかりとできるようになり、社会性が発達していく。周りの大人に依存しないで、精一杯遊ぶことができるようになり、主体性が確立していく。

みてみて　登れるよ！！

3　動きの獲得時期と適する題材

身体部位の主な動きとその獲得時期及び獲得にふさわしい題材を表2-2に示す。

表2-2　主な動きの獲得時期と適する題材

0・1歳	部　　　位	頭部、肩、首、上半身、手足、膝、腰、尻	
	運動の特徴	はいはい・つたえ歩き	
	種　　　類	這う、転がる、座る、つたえ歩く	
	題材と動き	「一本橋」p.72参照 ＊手の平を擽られて上半身を左右に揺する ＊全身を擽られて転がろうとする	「いないいないばあ」p.84参照 ＊新聞紙の中をくぐる ＊新聞紙を投げる
1・2歳	部　　　位	頭部、肩、首、上半身、手足、膝、腰、尻	
	運動の特徴	歩く、走る	
	種　　　類	歩行が完成、ヨチヨチ走る	
	題材と動き	「まあるいたまご」p.68参照 ＊両手で羽を作り上下に振る ＊ノッシノッシと歩く	「どんぐりころころ」p.121参照 ＊ゆっくり転がる ＊斜面を転がる
2歳	部　　　位	頭部、首、手足、腰、肘、膝、尻	
	運動の特徴	歩く、走る、小さく跳ぶ	
	種　　　類	歩行が安定する、走り方がしっかりしてくる	
	題材と動き	「あたま　かた　ひざ　ポン」p.50参照 ＊体の部位に手をおく ＊リズムに合わせて手を叩く	「てぶくろ」p.129参照 ＊手をついて跳ねる ＊ゆっくり大股で歩く
3歳	部　　　位	頭部、首、肩、背、手足、腰、肘、爪先、膝、尻	
	運動の特徴	跳躍運動の獲得	
	種　　　類	両足ジャンプができる、片足立ち、しゃがみ歩きができる、音楽に合わせて歩く	
	題材と動き	「グーチョキパーでなにつくろう」p.66参照 ＊歌を歌いながら体でグーチョキパーをつくる ＊できたもののイメージを膨らませて動く	「ツバメの親子」p.110参照 ＊手を広げてツバメになって走る ＊両足でジャンプし、飛び降りる表現 ＊樹々の間を縫って走る
4歳	部　　　位	頭部、首、肩、背、手足、腰、肘、手首、爪先、膝、足首、尻	
	運動の特徴	大筋活動が中心、ほとんどの運動ができる	
	種　　　類	友達と協力して動く、動作の強弱ができる、前転ができる、スキップができる	
	題材と動き	「せんたくしましょう」p.106参照 ＊洗うハンカチになって、体を動かす ＊友達とくっついて回ったりねじったりする ＊体をピンと伸ばす	「遊園地で遊ぼう」p.100参照 ＊速く走ったり、ゆっくり走ったりする ＊友達と向かい合ってクルクル回る ＊友達とゴム紐を持ち上げ、跳んだりする
5・6歳	部　　　位	頭部、首、肩、背、腹、手足、腰、肘、手首、手の指、爪先、膝、足首、尻	
	運動の特徴	より複雑で高度な巧緻性の獲得	
	種　　　類	連続性、技術の完成、複合性	
	題材と動き	「忍者ごっこ」p.86参照 ＊忍者になって忍び足で歩く ＊側転、走る、ジャンプなど連続で動く ＊ストップモーションから次の動きへ	「みんな生きているよ」p.149参照 ＊宇宙をイメージしスローモーションで動く ＊手足をゆっくり大きく動かす ＊いろいろな遊び（ジャンケンポン）の面白い箇所をスローモーションで動く

第3章　子どもの身体表現

　生まれたばかりの乳児の表情は、笑ったり、泣いたり、困った顔をしたり、あくびをしたりと一秒ごとにその様相は変わり実に多様である。大人たちは、その仕草のかわいらしさに魅きつけられ、ほほえみかけたり、言葉をかけたり、抱きかかえたりと様々な関わりを試みる。はじめは、この表れのほとんどが子ども自身の意思というより原始反射的な運動が主である。しかし、その表れは発達とともに変化し、やがて歌やリズムにのって自由に楽しく体を動かす姿へと変わっていく。つまり自身の意思の元に行われる行動として、子どもは自分の内なる思いを様々な方法で表すようになり、表現そのものを楽しむようになる。

　例えば、子どもの遊びの中によく見られる「ごっこ遊び」や「見立て遊び」は、身近な生活経験を取り入れて、全くそのものになりきって遊んでいる場面である。時には、自分一人のイメージの世界にひたり、現実と虚構の世界を行ったり来たりしながら、体全体で自分の想いを表現し、その喜びを味わっている。このように見ると、子どもにとって動きによる体の表現（身体表現）は生活そのものであるといえるであろう。

① 表現と動き

　「幼稚園教育要領」及び「保育所保育指針」「幼保連携型認定こども園教育・保育要領」の領域「表現」における「表現」とは様々な表現方法のことを指しているが、「動き」による表現も表現手段の一つである。特に「動きによる表現」に関して、領域「表現」の「内容」にいくつか示されている（第1章「5　幼児教育・保育と表現」参照）が、いずれも子どもが感じたり、考えたりしたことを思いのままに自由に伸び伸びと「動き」で表す内容が示されている。ここでいう「動き」は「からだ」から繰り出される動きであり、「からだの動き」そのものである。このことから、子どもにとっては、まず自分の体を動かすことの体験が必要となってくる。動きの持つ質や形を感じ取り、これを行うことの楽しさ、面白さを知ることによって、子ども自らが積極的に働きかける創造的な身体表現へと発展するものと考えられる。

　また、自分が体験するばかりではなく「見る」こともまた貴重な経験である。「見る」

ことによって、動きの持つ質や形態を感じ取り、そこからさらに動きの楽しさや面白さを知ることにつながる。それは新たな「からだを使った動き」の表現の発見でもあり、子どものさらなる創造的な身体表現につながっていくものと考えられる。

　この場合の「からだ」は、人間の身体的機能だけではなく、必ず「感情をともなうからだ」を指す。そこで心にものを感じるとらえ方と、それを動きとして表す方法とが課題となってくる。イメージによる動きの広がりと深まり、そしてその変化など、子どもは未分化で未熟である。その未熟な子どもの表現を広げ深めるのは、保育者の言葉かけや環境構成の工夫と配慮、的確な援助に拠るところが大きい。子どもは元来豊かな表現力を持っている。それを失うことなく、さらによりよく引き出し、様々な動きによる表現を伸び伸びと体験させたいものである。

2　身体表現の指導の内容と段階

　子どもは、自身のイメージしたものがそのまま体の動きとして表れるものであり、それは日常的に行われる。この活動が将来の身体表現技術につながるものであるが、そのイメージによる体の動きは素朴で単発的であり、そのままでは動きとしての広がりや深まりは見られない。

　そこで、子どものより豊かな身体表現を引き出すために、何らかの適切な導きが必要となってくる。松本らは『ダンス表現学習指導全書』[1]において、子どもの身体表現の適切な指導の進め方として次のような「ねらい」を定めて、その具体的な内容を示している（表3-1）。

① 単一運動の繰り返しやその変化、運動の組み合わせなど、いろいろな動きを経験し、リズミカルに体を動かす喜びを味わえるようにする。
② 身のまわりの事物からのイメージによる動きを工夫し、表現の楽しさを知るようにする。
③ 音楽的なリズム反応により、リズムにのる楽しさを味わいながら、リズム感覚を養う。

　さらに、松本らはこの「ねらい」を達成するためには、指導を「初歩的段階」と「基本的段階」の二つの段階に分け、進めていくことも提唱している。その段階は具体的には表3-2のように考えられている。

　指導過程において、これら二つの段階は、子どもたちの発達や経験の有無、保育者の指導経験の程度によって柔軟に選択されることも示唆している。つまり、経験の浅い子どもでも保育者の指導経験が豊かであれば、やや進んだ段階の活動から入ることも可能であり、それとは逆に、子どもの経験は豊かでも保育者の指導経験が浅いのであれば、初歩的

1）松本千代栄（編著）：『ダンス表現学習指導全書』「表現理論と具体的展開」pp.108-163、大修館書店、1980

表3-1 身体表現の内容とねらい、指導の段階

内容とねらい / 指導の段階	A いろいろな動き いろいろな運動の経験、工夫、発見をとおして、動く喜び、探求の楽しさを味わう。	B イメージと動き 自分のイメージにあった動きをみつけて表現する活動をとおして、動く喜び、探求の楽しさを味わう。	C 音と動き 音や音楽を感じながらの身体活動をとおし、リズムにのった動きに慣れ、その楽しさを味わう。
I 初歩的段階	○先生や友達のまねをしながら短い単位の運動を繰り返したり変化させたりしてリズミカルに動く体験 ① 日常運動をもとにした全身運動をリズミカルに行う ○移動する運動を中心にした活動〔走る、とぶ、まわる、歩く、ころがる等〕 ○移動しない運動を中心にした活動〔まわる、ゆれる、ねじれる、まげる、のばす等〕	○一つのイメージから特徴のある動きをみつける体験 ① 与えられた動きを自分のイメージで楽しく動く ② 形があって動くものから動きをみつけて表現を楽しむ〔動物、お母さんの仕事、空想や童話にでてくる人、乗り物等〕 ③ 形があって、動かないものになって表現を楽しむ〔食べ物、おもちゃ、子どものまわりにある道具、家の中にあるもの、町の中にあるもの等〕	○先生や友達のまねをしながらリズムに合わせて動くことの体験 ① リズムにのって全身運動を楽しむ ・歌のリズムで ・遊びのリズムで ② 音のアクセントを聞き取り、緊張と弛緩を伴った動きで反応する ③ 高い音・低い音を聞き取り、動きの高低で反応する ④ 身のまわりの音のでるものをたたいたり、振ったり、またこれを持って走ったり、跳んだりして音を伴った動きをする
II 基本的段階	○先生や友達のまねをしたり自分で動きをみつけたりして短い単位の運動を組み合わせてリズミカルに動く体験 ① 身体の部位を意識した全身運動をリズミカルに行う〔まわる、走る、とぶ、歩く等〕 ② 違った運動を組み合わせて動けるようにする〔動く―止まる、速い―遅い、のびる―縮む等〕 ③ 友達といっしょにする動きを楽しむ〔2人でする動き、3人でする動き、クラスの全員でする動き等〕 ④ 道具を使った運動を工夫したり、発見する〔イスを使った動き、積木を使った動き、ジャングルジムを使った動き等〕	○一つのイメージからいくつかの特徴のある動きをみつける体験 ① 形がなくて、動きがみえるものになって表現を楽しむ〔雨、雪、風、洗濯機の水等〕 ② 自分でみつけた動きを友達と組んで楽しく行う〔高いものと低いもの、重いものと軽いもの等〕 ③ 一つのイメージからみつけた違った動きを組み合わせて動く	○音や音楽の変化を感じながらリズミカルな身体活動・身体表現の体験 ① リズムにのって全身運動を楽しむ ・歌のリズムで ・遊びのリズムで ② 音の強弱を聞き取り、体の緊張と弛緩を伴い、強い弱いの感じを出して反応する ③ 音の高さ（高い・低い・中くらい）を聞き取り、その感じを動いてみる ④ 音打楽器の音色を聞き、その感じをすぐに動いてみる ⑤ 曲想をとらえて、感じたまま動いてみる
III 進んだ段階		○イメージと結びついたまとまりのある活動の体験 ① はじまりと終わりをもつ一連の体験をする ② 発表する機会をとおして完成の喜びを体験する	

(出典：松本千代栄（1980）の表を基に筆者一部改変)

表３-２　段階に応じた指導の進め方（初歩的段階から基本的段階へ）

初歩的段階 → 基本的段階

① **リズミカルな全身運動** → **身体の部位を意識したリズミカルな全身運動**

その場で行うもの（まわる・伸びる・縮む・跳ぶ…など）や移動しながら行うもの（歩く・走る・跳ぶ・まわる…など）等、単純な全身運動（いろいろな動き）を体験。

身体の部位を意識した複雑な全身運動へ展開。

その場でグルグルまわる → 両手をあげてまわる／手をたたきながらまわる／足を踏みながらまわる → などに展開する

② **短い単位の動きを繰り返す** → **違った動きを組み合わせて動きを続ける**

「走る」「まわる」「跳ぶ」など単発的な動きを繰り返す。

もとの動きを少しずつ変化させたものを体験「走っていってまわる」「跳んでから走る」「まわってから跳ぶ」など、動きを組み合わせてつないで行う。

③ **保育者や友達のまねをする** → **自分でイメージや動きをみつけて表現する**

保育者の動きをまねして動く。
友達のみつけた動きを認めあったり、まねして動いて発見の喜びをわかちあう。
（自分の動きをみつける手がかりとなる）

自分のイメージや動きをみつけて、表現する楽しさを知っていく。

④ **一人で行う運動** → **友達と組んで行う運動**

自分中心の世界で動く。

友達と一緒の動きをしたり、何人かで組んで一人ではできない動きの体験をする。

一人の友達と感じ合う → 発展 → クラスの皆と感じ合う

⑤ **動きからイメージをみつける** → **イメージから動きをみつける**

いろいろな動きを体験するときには、常に子どもたちのイメージと動きのつながりをフィードバックさせながら、活動を進めていくことにより、自分のイメージで動きをみつける活動へスムーズに移行することができる。（動きとイメージを行ったり来たりしながら、動きとイメージを拡げていく）

⑥ **一つのイメージから一つの動きをみつける** → **一つのイメージからいくつかの動きをみつける**

「蝶になって遊ぶ」というイメージからは、「両手を上下させて動きまわる」という動きなど。
（イメージが「鳥」や「風」になっても同じような動きが出てくる）

それぞれの子どもがそのイメージされるものの特徴をとらえて、違った動きができるように、特徴をとらえられそうな言葉などを使って導く。
例：「小さな蝶」「大きな蝶」（形容詞など）
　　「お花の蜜をおいしそうに飲んでいる蝶」（様子を表す言葉など）

⑦ **音のリズム・強弱・高低に感応して動く** → **音色・曲想に感応して動く**

音楽のリズムや強弱、高い音・低い音などいろいろな音の刺激に身体全体で反応して動く。

単純に音のリズムや強弱、高低に合わせて動くことから、その音楽の音色や曲想からイメージして自由に動くことを楽しむ。

（出典：松本千代栄（1980）を基に筆者作表）

段階から進めていく方がよりスムーズに活動を行うことができるというものである。また、二つの段階に区切られたこれらの活動は、実際の保育の現場においては、順次進められるものではなく、保育者が子どもたちの反応を観察し、進んだり戻ったりしながら進めていくことも必要であると示唆している。

３　身体表現の活動内容

　体による動きの表現（身体表現）という特性をふまえて、いろいろな動きの体験と探求の活動（いろいろな動き）、イメージと動きを結びつける活動（イメージと動き）、音楽刺激を中心としたリズミカルな身体活動（音と動き）の三つの分野に分けて活動内容をプログラムすることも提唱されている。以下、この三つの分野の内容及び進め方とさらに進んだ段階としてのイメージと結びついたまとまりのある活動（まとまりのある動き）について示す。

（1）　動きから表現へ（いろいろな動き）

　ライオンになりきって体を動かしている子どもは、ダイナミックな動きとともに、その顔つきまでもライオンのようであり、心までそのものになりきっている。また、風にまきあげられる木の葉を見ると一緒になって体をクルクル回転したり、木の葉を集めて「ゆきだ！ゆきだ！」と降らせてはしゃぎ回ったりなど、自然環境の出会いから光にもなり、風にもなり、木の葉や雪、雲にもなれる。子どもは、心や体で感じたことを自分の感情の趣くままに体で動いて表現する。その時の動きの素材は体である。動くことそのものが生活である子どもたちにとって、身体表現は特別な活動ではなく、生活そのものが身体表現なのである。ここで大切なことは、子どもの日常生活の中で、体の動きに託して表すものを周りの者が見過ごさず、温かくしっかりと受けとめることであろう。笑ったり泣いたりの感情表現や身ぶり・手ぶりは子どもにとって生きることの最も基本的な表現方法であり、人としての豊かな表現活動の出発点といえる。したがって、子どもの表情や動きによる表現を大切に見守り受容することが重要となってくる。

　まずは、いろいろな動きを体験し、発見し、そして工夫することで、動く喜びを味わうことが大切である。そのためには、多様な動きで全身を使って表現し、時にリズミカルに動き、十分に楽しく体を動かす体験をする。これはイメージから動きへの前段階として体験させたいことである。毎日子どもが生活の中で行っている動きから導入して、体をすみずみまで使って伸び伸びと動かすことを中心に、体の意識を開発していく。これらの動きには、移動を伴う動き（歩く、走る、跳ぶ、回る、ころがる、スキップするなど）と、移動しない動き（のびる、ちぢむ、ねじる、ゆれるなど）とがある。

　また、子どもは保育者や友達と一緒に活動を行うことで、動きの範囲を広げ、自分で動きをみつけるための手がかりをつかんでいく。はじめはぎこちなくても、全身を動かす体

験そのものが大切であり、伸び伸びと自由な雰囲気の中で多くの動きを楽しんでいく。簡単な動きやその動きを繰り返し、さらに変化し、発展させていくことが、子どもの動きを持続させ、豊かな表現につながっていくものと考えられる。

（2）　イメージと動き

　子どもは、イメージしたことを動きにし、表現する活動を通して動く喜びを味わう。また、自然体験の中で様々なものを観察したり、絵本を見たり、劇遊びをしたり、お話を創ったりすることで創造的イメージを広げていく。このように、子どもは日常生活の中で多くの経験を重ねながら、表現へのしっかりした基盤を築いていく。

　一方、子どもは周りのいろいろなものに関わりながら遊びを発見していく。そこで子どもを取り巻く環境構成が大切となってくる。保育室がいろいろな魚が泳いでいる海の中であったり、大好きな動物の住んでいる森の中であったり、思わず動いてみたくなるような環境構成の工夫が必要である。特にイメージがすぐ表現になる乳幼児では、楽しくいきいきとした表現活動を展開するための人的環境、物的環境を十分準備することが大切である。

　初歩的段階においては、日常生活の動きである、歩いたり走ったりする基本的動きを中心に、一つのイメージをみつけ動く活動から特徴ある動きをみつけることまでをねらいとする。それには、子どもたちのイメージが発展しやすく、子どもたちが好きなもの、興味をもっているものを中心に題材を選ぶことがポイントである。

　基本的段階は、イメージから特徴のある動きをみつけることが中心であるが、友達のみつけた動きをみんなでまねして楽しんだり、自分のみつけた動きを保育者の言葉かけで変化させたりするなど、一つのイメージを中心にいろいろな動きを体験できるように活動を進めていく。「ピョン、ピョン、ピョーンとウサギさんがでてきたよ」「あれあれ、ウサギさんスヤスヤおねんね」と、保育者の言葉かけに子どもたちはウサギのイメージをふくらませ、そのものになりきって動く。子どもの表現意欲を高め、楽しくいきいきとした表現活動に発展させるのは、保育者の適切な言葉かけであろう。その際、動きをイメージするような擬態語・擬音語・擬声語（オノマトペ）を使い、また、声の大きさや調子を変えて、子どもが自然に動けるように工夫することも必要である（表3－3）。

（3）　音と動き

　音や音楽を感じながら、体の動きを楽しむことも大切である。音楽の助けをかりて、子どもの興味を持続させながら、繰り返し動くことによって動きを表現する楽しさを十分に体験できるようにする。初めは、保育者や友達のまねをしながらリズムに合わせて動くことの体験から行い、次の段階では、音や音楽の変化を感じながらリズミカルな身体活動・身体表現の体験へと進んでいく。そして、快いリズムにのって体を動かす快感を十分に味わい、表現の深まりと体のコントロールを身に付けるようにする。

表3-3　引き出したいイメージと動き、イメージを引き出す言葉（擬態語・擬音語・擬声語：オノマトペ）

分　類	イメージ	動　　　き	擬態語・擬音語・擬声語：オノマトペ
虫	アリ	はう、ひっぱる、おす、登る	チョコチョコ　サッサカサッサカ　うんとこしょどっこいしょ
	チョウチョウ	振る、跳ぶ、走る、止まる	ヒラヒラ　チューチュー
	あおむし	はう、伸びる、縮む、転がる	モゾモゾ　モコモコ　パクパク　コロコロ
	ダンゴムシ	縮む、転がる、はう、隠れる	モゾモゾ　コロコロ　ゴソゴソ
生きもの	カメ	はう、縮む、転がる	ノソノソ　ヨチヨチ　ニュー　キュッ　ゴローン
	魚	走る、跳ぶ、隠れる	スーイスイ　ヒラヒラ　ピューン
	ペンギン	歩く、はう、すべる	ヨチヨチ　シュー　ペタペタ
	ヘビ	はう、まわる、歩く、走る	ニョロニョロ　クネクネ　シュー　クルクル
	象	歩く、踏みしめる、振る	ノッシノッシ　ドシンドシン　ブーラブーラ
	ツバメ	走る、跳ぶ、まわる	ヒューン　チチチチチ　パクパク
乗り物	飛行機	走る、跳ぶ、止まる	ブーンブーン　キーン　ゴー　ヒューン
	オートバイ	走る、止まる、倒す	ブルンブルン　ブーンブーン　キキー　ガシャン
	車	走る、止まる、まわる	ブーンブーン　キキーッ　ビューン、ガシャーン
生活	お風呂にはいろう	こする、しゃがむ、入る	ゴシゴシ　ブクブク　ザブーン　アチチチチ
	おみこし	走る、まわる、伸びる、かつぐ	ワッショイワッショイ　ヨイショ
	綿菓子	伸びる、縮む、まわる	フワフワ　クルクル　ベタベタ
	太鼓	たたく、跳ぶ、ふみしめる	ドンドン　ドーンドーンカッカッ　トントン　ソーレッ
	時計	振る、まわる、ねじる	チクタクチクタク　カチカチ　ボーンボーン　ジリリリリ
	スケート	滑る、転がる、まわる、跳ぶ	シューッ　シャー　スーイ　クルクル　ピョーン
	凧	まわる、跳ぶ、ゆれる、走る	クルクル　ピュー　シュー　バタバタバタ
	コマ	ゆれる、まわる、走る、止まる	クルクル　コロコロ　ゴローンゴローン　シュー
	粘土	伸びる、ひねる、転がる	コネコネ　コロコロ　ビヨーン
自然	花	伸びる、腕をひろげる、ゆれる	パー　パッ　ユラユラ　ヒラヒラ
	カミナリ	跳び上がる、走る、まわる、転がる	ピカッ　ゴロゴロゴロ　ドカーン　ビリビリ
	波	伸び上がる、ゆれる、跳ぶ	ザブーン　ザザー　ピチャピチャ　ユラユラ
	風	ゆれる、まわる、走る、跳ぶ	ヒュー　ピューンピューン　ビュービュー　サラサラ
空想・物語	忍者ごっこ	跳ぶ、走る、まわる	ササササ　クルッ　ピョーン
	おばけ	ゆれる、振る、走る	ヒュードロドロー　フラフラ　スーッ
	ロケット	走る、伸びる、跳ぶ、まわる	3・2・1発射　ビューン　ゴー　ガタガタ
	怪獣	伸び上がる、たたく、踏む、走る	ガオーッ　ドシンドシン　ガシャッ

（4）　まとまりのある動き

　子どもたちはいろいろな動きの体験を通して、自分の体で多種多様に表すことの楽しさやリズムの快さ、自分を取り巻いている空間などを知り、表現の世界を広げていく。年齢が進むにつれて、次のような発展が考えられる。

① 　はじまりと終わりを持つ一連の動きのまとまりのある表現の体験
② 　一貫性のある表現の体験（例えば、子どものよく知っている曲やお話を中心に展開し、まとめる）
③ 　繰り返し練習することによる動きの定着化の体験
④ 　人に見せて発表する体験

　このようなまとまりのある活動を体験することにより、さらに進んだ身体表現へと近づくことができる。

4 　身体表現における指導の援助と配慮

　子どもは、テレビから流れる楽しい歌や音楽に合わせてリズミカルに体を動かし、大好きなアニメの主人公に変身するなど思いきりそのものになりきって遊んでいる姿がよく見られる。見たり聞いたり五感を通して経験したことが感性の刺激となり、その想いを全身を使って発信しているのである。

　感じたことを表現し、感じる中で表現が生まれ、豊かな体験の中での感動があってこそ想いがあふれ表現が生まれる。よって乳幼児期は様々な環境と関わり、いろいろな刺激を受けることが何よりも大切である。多くの体験の中で、見たり、聞いたり、触れたりして、心と体の中に感動が蓄積され、それがイメージを育み豊かな表現へとつながっていくのである。

　多くのことが体験できる環境こそ、子どもにとって表現が豊かになる基礎をつくる。もちろん、物や自然とともに人的環境は重要な要素となる。瀧ら（2006）は、人的環境の子どもの身体表現にもたらす効果を含め、幼児期の身体表現活動の意義を次のようにまとめている[2]。

① 　子ども自身が自分の体を意識して動かすことにより、子どもは自分の体と対話し、自分自身の存在を認識する。
② 　子どもは友達と一緒に動くことで、友達の存在を意識し、イメージを共有して動くことができれば、さらに心地よさを感じて動くことができる。
③ 　子どもはイメージを持って動くことで、新たな興味や関心が湧き、多くのことに気づいていく。
④ 　保育者が提示する動きを十分楽しみ、体得することで、子どもは自分なりの動きを

2）　瀧信子・青山優子・下釜綾子：「幼児の豊かな身体表現を引き出す手だて」『第一保育短期大学研究』17、pp.31-43、2006

　　見つけていく。
⑤　子どもは自分なりの表現を認められることで、自信を持って表現することができ、
　　さらに工夫して動こうとする。

　感じた心を受けとめ、ともに感じてくれる保育者や仲間の存在は大きい。

　子どもは周りの環境との関わりの中で豊かな表現を育む。それをより良く引き出すの
は、保育者の適切な援助である。瀧ら（2006）は、幼児期の身体表現活動の意義を踏まえ
た上で、保育者の適切な援助の必要性を説き、「保育者は子どもの活動をただ見守ったり、
定型的な表現方法を教えたりするだけでは十分とはいえない。子どもの発達段階や経験に
応じて援助の仕方は変化していくが、日常生活において、創造的な表現活動ができる環境
や時間を確保し、子ども自ら自分なりの表現を見つけ生き生きと活動できるように援助す
ることが大切である。」と述べている。そして、子どもの身体表現を引き出す援助には、
段階があることを示している[2]（表3-4）。

表3-4　子どもの身体表現活動の援助の段階

ステップ①	保育者がイメージにあった動きを提示し、子どもと一緒に動く段階
ステップ②	（子どもが少し慣れてきたら）保育者が言葉かけや効果的な音楽などにより子どものイメージや動きを引き出す段階
ステップ③	保育者が見守る中で、子ども自ら自分なりの動きを見つけ、友達と一緒にその世界を共有して動く段階

これらの段階を踏まえながら、「楽しく」「一緒に」「ちょっと工夫して」をキーワードに、子どもの豊か
な身体表現を引き出すための環境の工夫や活動内容を考える。

（出典：瀧信子ほか（2006）を基に筆者作表）

　このように、保育者は、一人一人の子どもが活動を心ゆくまで伸び伸びと体験できるよ
うに配慮し、想いが十分表現できるように共感しながら適切な援助をすることが求められ
る。その保育者の援助や配慮のポイントについて以下にまとめる。

（1）　子どもの動きを変化発展させる視点

　子どもたちは、「歩く」「走る」「跳ぶ」「回る」「転がる」などの動きを、日常生活の中
で自然に体験し、繰り返して動くことで、動く楽しさを味わいながらバランスのよい動き
を確立していく。

　子どもの「走る」場面をとらえてみると、目的に向かってまっすぐ走る場面もあるが、
「飛行機になって空を飛んでいるように走る」「鳥になって大空を舞っているように走る」
など、イメージを持って走る場面もよく見かける。しかし、ただ単に、腕を飛行機の翼や
鳥の羽に見立てて広げ、同じ空間をグルグル回りながら同じ速度で走り続けている。この
時、保育者が子どもたちのイメージを大切に受けとめ、「飛行機が飛び立ちます」「だんだ
ん空高くあがっていきます」「雲の中でグラグラ揺れます」「大きく曲がります」などの言

葉かけをすると、子どもたちは走る速度を変化させ、腕の力の入れ方を工夫し、さらに動いている空間を広げて走り、「走る」ことをより楽しむことができる。このように、動きを変化・発展させることで、子どもたちは一つの動きを十分に楽しみながら、さらに日常の動きにはない表現性を深めた動きを体験することができ、表現の世界を広げることになる。

　従来、身体表現を構成する動きの要因には、「時間要因（時間性・時間構成）」「空間要因（空間性・空間構成）」「力性要因（力性・ダイナミックス）」があり、動きの表現はこれら3つの観点からとらえられてきた。髙野（2015）は、ラバン理論を基として「動きは身体・アクション・時間性・力性・空間性・関係性の6つの視点に分けることができ、（中略）動きの表現性を生む要素には時間性・力性・空間性の3つの要素がある。」とし、動きはこれらの要素の組み合わせによって、表現性が現れると述べている[3]。松本（1988）は、運動特性と表現の関係を「動きの感情価」というテーマで実証的研究を進め、動きに表現をもたらす基盤となる「運動の型」として身体表現を構成する動きの3要因の特徴を9対の言葉で表している[4,5]。この9対ある運動の型の組み合わせを変えることによって、違った型を有する動きが生まれ、それぞれの動きの特質と結びついた感情が表現されるとしている。

　つまり、これら動きの表現の要素である「時間要因」「空間要因」「力性要因」が変化することによって様々な表現が生み出されるということである。よって、子どもの動きを変化発展させるには、これらの要因を視点にした援助を心がけることが援助のポイントとなる（図3-1）。

図3-1　動きを構成している条件とその変化

　また、動きは子どもたち一人一人が行うものが中心であるが、友達と一緒に同じ方向に進んだり、反対の方向に行ったりなど、動くタイミングを計りお互いの動きを感じながら動くことも大切である。保育者は一人一人の子どもの動きをしっかり見て、その動きを認

3）　髙野牧子（編著）：『ウキウキワクワク身体表現遊び―豊かに拡げよう！子どもの表現世界』同文書院、2015
4）　松本千代栄：「舞踊研究　課題設定と課題解決学習Ⅱ―運動の質と感情価―」『日本女子体育連盟紀要』87（1）、pp.53-89、1988
5）　柴眞理子（編著）：『臨床舞踊学への誘い―身体表現の力―』ミネルヴァ書房、2018

め（共感・承認）、そしてそれを模倣したり、または他の子どもたちと共有したり、一緒に動いたりして、動きの輪を広げていく。そうすることで、動きの多様性（方向やタイミング、種類など）は生まれてくると考えられる。

（2）　動きをイメージとの関連で発展させる視点

いろいろな動きの体験が中心であるが、動きは表現性と切り離すことのできないものである。体をクネクネ動かせば子どもはヘビになったつもりで動き、足を一歩一歩力強く出して歩けばゾウや怪獣のイメージを持ってなりきるであろう。この動きそのものの持つ表現性（特質）を大切にして、動きの体験をしながらイメージが広がるように子どもの活動を展開していく。

また、イメージしながら動く、動くことで次のイメージが湧きやすくなる、そしてそのイメージしたもので動くことでまたさらにイメージが深まり、動きが発展する。子どもの身体表現（身体表現遊び）では、このイメージと動きの連動をしていく過程が重要である。

これら「イメージして動く」ことが展開されるためには、子ども自身の生活体験と保育者の適切な援助が欠かせない。まず、豊かなイメージの喚起にはそれまでの子どもの生活体験が関係してくる。生活体験が豊かであればイメージも起こりやすくなる。つまり、豊かな生活体験はイメージを膨らませ、それが豊かな表現へつながる。日常の何気ない生活の中にも感じる要素は多分にあり、保育者はそれを見逃さず、子どもと一緒に共感することが求められる。

一方、保育者の適切な援助としては、まず「言葉かけ」がある。例えば、イメージと動きを結びつけやすいオノマトペ（前述）の使用や、子どものイメージした動きに対する保育者の共感・承認する言葉かけが大切である。

さらに、子どもの身体表現で「イメージして動く」際には、他者とのイメージの共有も大切になってくる。友達と、保育者と一緒に体験をする中で、それぞれが何を表しているのか、また何を表したいのかイメージの共有が必要になってくる。このイメージの共有を図るためにも保育者は、子どもの表現している、または表現しようとしている内なるイメージを言葉や動きで代弁し、援助する必要がある。そのことが、子どもの表現を引き出すことにつながってくるのである。

（3）　動きの発展

子どもは、全身運動から腕を大きく広げプロペラのように回しながら走り、人形のように首を振り、またバレリーナのように足を上げたりする。体の部位を意識して全身運動へ発展させることによって子どもの動きの世界はより広くなり、変化し、多様化する。

子どもたちは、日頃の生活の中で歩いたり走ったりする動きや、椅子や積み木などの道具を使った動き、友達と組んで行う動きなど、様々な動きの体験を積み重ねていく。そして、短い動きを繰り返しながら、いろいろな動きを組み合わせたまとまりのある動きへと

発展させていく。

　動きの組み合わせは、大きく動いて止まる、伸びて縮む、ゆっくりした動きと速い動きなどであり、この相反するコントラストの動きを組み合わせることによって、動きの幅を広げていく。はじめは簡単な動きでも少し変化をつけることで、子どもたちの興味・関心を促し、身体表現の楽しさへと導いていくことができる。

　また、このような動きを行う時に、保育者の適切な言葉かけ（例えば「大きなジャックの豆の木！」「ちっちゃなちっちゃな豆の木さん！」と動きとイメージとの関わりを持ちながら言葉をかけるなど）によって、より表現の世界を広げ、楽しむことができる。

　このことが、子どもの多様な経験とともに、子どもたちの豊かな身体表現へとつながっていくものと考えられる。

　これらの内容をまとめると、図3－2のようになる[1,3,6]。

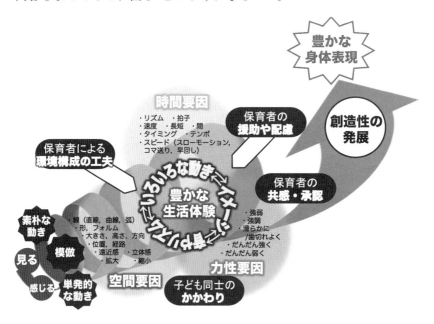

図3-2　子どもの身体表現の発達

（出典：松本千代栄（1980）、髙野牧子（2015）、村田芳子（2011）を参考に筆者作図）

6）　村田芳子：『新学習指導要領対応　表現運動－表現の最新指導法』小学館、2011

第4章　子どもの身体表現を引き出す環境

　子どもは環境と関わりながらいろいろなことを学び体得していく。子どもを取り巻く環境とは、人的環境、物的環境、自然環境そして社会の事象や文化等であり、21世紀の今日その環境は大きく変容しつつある。大人の利便性を最優先して創りあげられた環境は、決して子どもの健やかな育みに適しているとはいえない。

　そこで、乳幼児期の子どもの発育発達に不可欠な体験を十分提供できる保育環境は、子どもの生活空間としてますます重要となる。保育者は健やかな子どもの発育発達を考慮して、保育環境を整えるという重要な役割を担っている。

　楽しい身体表現遊びでは、子どもが自由に伸び伸びとイメージを想起して遊べるように、保育者は様々な環境を整え、さらに、保育者も環境の一要因として子どもと一緒に表現して遊ぶことが望まれる。

1　子どもと環境

（1）　環境とは

　ある物（者）を取り巻く周囲の事物や状態をその物の環境といい、その物のことを主体という。子どもが主体であれば、その子どもを取り巻くすべての事物や状態が環境である。

　人間を取り巻くものとして、物理的、地理的なもの、そして文化や社会的なものがあり、必ずしも目に見えるものだけとは限らない。社会のルールや地域の慣習等も含まれる。さらに、周りの人も環境となり得る。したがって人間の行動を考える時、環境との関わり合いを無視することはできない。つまり、子どもは環境を通して育まれるのである。

　子どもにとっての環境とは、「幼保連携型認定こども園教育・保育要領解説」には「保育教諭等や他の園児など生活や遊びの中で出会い、関わる様々な人を含め、園児にとって、自分を取り巻く全てが成長や発達を促す環境である。」さらに、「日頃から慣れ親しみ安心できる環境の中で、旺盛な探索意欲を発揮し、注意を引かれたものへ自ら近づいていく。身近なものの何気ない動きなどを一心に見つめ、手を伸ばしてその動きを止めたり変えたりしようとし、（略）自分と環境の関わり合いがもたらすあらゆるものに感性を働か

せ、その感覚を味わう。」とある。そこで保育者は、子どもが環境に関わり豊かな体験ができるように、発達を考慮して子どもの興味関心を引く環境を、意図的、計画的に構成するとともに随時、再構成することが大切である。

（2）　環境構成

　本稿では、環境構成について、保育が行われる場の環境を保育者が整えることをさす。「幼稚園教育要領解説」においては、「教師には、幼児との信頼関係を十分に築き、幼児と共によりよい教育環境をつくり出していくことも求められている。」「幼児が主体的に活動できる場や空間、適切な物や友達との出会い、さらに、幼児が十分に活動できる時間やその流れなどを考えることが必要」とある。

　「保育所保育指針」では、「保育の環境には、保育士等や子どもなどの人的環境、施設や遊具などの物的環境、更には自然や社会の事象などがある。保育所は、こうした人、物、場などの環境が相互に関連し合い、子どもの生活が豊かなものとなるよう（略）計画的に環境を構成し、工夫して保育しなければならない。」としている。青山ら（2000）の行った事例研究[1]に、子どもたちが外遊びを

子どもがつくる環境

する際に、最初は保育者が巧技台を利用して環境を構成し、何度か保育時間内に遊んだ後は、登園後の自由遊びの時に自由に持ち出して遊べるようにして記録したものがある。ただ巧技台が置かれているだけでは登ったり降りたりの繰り返しだったが、動物になって遊んだり、巧技台と誘導円木と組み合わせたりすることで、ダイナミックな遊びへと発展した。さらに子どもたちが協力して、自分たちで遊び場を作るという遊びに変化した実践例である。このように環境は、構成・再構成しながら変化するものである。

　保育者は準備万端を整えて導くというよりは、子どもたちが創意工夫した環境で遊べるように、見通しを持って援助することが望ましい。

　望ましい環境は当然一つではなく、同じ環境でも子どもに与える影響は異なってくる。保育者は一人一人の子どもが意欲を持って自発的に関わるような環境構成に努めなければならない。

（3）　人的環境

　子ども本人以外の人間すべてが人的環境となる。一番身近な人は、毎日の生活をともにしている家族である。現代では、核家族化・少子化の中にあって、一人の子どもが生活を

---

1)　青山優子・井上勝子ほか：『子どもの主体的な遊びを発展させる環境構成』九州体育・スポーツ学会第49回大会号、p.60、2000

ともにしている人的環境は、縮小してきているといわざるを得ない。核家族化が進み地域との関係が稀薄になると、子どもが様々な年代の人と関わる機会が減り、人間関係を作る経験が不足しがちになる。少子化の影響で周りに同世代の子どもも少なく、群れて遊ぶ異年齢の集団がなければ、子ども同士で教え合ったり、年下の子をいたわったり、年上の子に憧れたりといった体験もできない。

　子どもが3、4歳になると、「子どもに友達が欲しい」「小学校にあがる前に集団生活を経験させたい。社会性を身に付けさせたい」という親の願いから、幼稚園へ通園している。また、女性の社会進出に伴い、0歳から保育所へ通う子どももいる。このように集団の中で生活する子どもにとっては、保育者をはじめ、園長、友達すべてが人的環境となる。その中でも、保育者が子どもに与える影響は大きい。保育者には、豊かな感性を持ち子ども一人一人をしっかりと受けとめられる資質が備わっていなければならない。子どもを引きつける表現力や一緒になって動き回る体力も必要である。子どもの身近にいる保育者がどのように関わっていくかによって、子どもの行動は大きく左右される。一人一人の子どもの発達に即した関わり方や援助や配慮の仕方が必要となる。

　身体表現遊びでは、保育者が適切に援助をすることで、子どもの動きを引き出していくことができる。どんな援助をどのタイミングで行うかは難しいが、経験を積むことにより見通しを持てるようになる。その見通しを超えた予想外の表現を見た時の喜びも大きい。

　子どもの発達段階に応じて、保育者の関わり方も変わるが、初歩的な段階では保育者も一緒になって表現したり、時にはオーバーアクションで誘ったりすることも必要である。表情、言葉かけの声の大きさや声色、口調を変えたりしながら、保育者も子どもも一緒になって表現を楽しむ雰囲気をつくることができる。1、2歳児の子どもたちの身体表現活動を実践記録し分析した、瀧ら（1995）の「幼児の身体活動から見た遊びの事例研究(2)」[2]に「1歳児や2歳児の遊びを発展させるためには、保育者がその遊びの場面を共有し、その中で何らかの働きかけや援助を行うことが大切であり、それによって子どもたちはさらに、新しい発見をし、イメージの世界を広げ、創造性豊かに楽しく遊びを展開できるようになるのである。」と保育者の援助が大切なことを説いている。

　子どもは、生活経験が豊かになり多くのことを体験してくると、創造性も豊かになり、グループで表現できるようになる。子どもの動きを注意深く観察し、面白い発想や表現を見つけた時は、保育者が取り上げ、みんなで認めたり誉めたりするとよい。

　保育者が、日常生活の小さな出来事に目を

保育者も一緒に

2)　瀧信子・青山優子：「幼児の身体活動から見た遊びの事例研究(2)」『第一保育短期大学紀要』12号、pp.39-57、1995

向け子どもの目線に立って、子どもから学ぶ姿勢を忘れてはならない。保育者自身が、豊かな感性を持ち、創造性あふれる魅力的な表現者になることが大切である。

（4）　物的環境

　子どもを取り巻いている物すべてが、物的環境である。保育が行われる場の環境を考えてみると、園が設置されている地域、園舎、園庭があり、園庭には子どもが十分に活動できる空間が用意され、滑り台、雲悌、鉄棒等の固定遊具、プールや砂場が設置されている。園舎には、保育室、洗面所、トイレ、調理室等があり、保育室には机、いすや楽器、紙、ダンボール等の様々な教材が用意されている。

　したがって保育の場では、子どもたちの周りに置く物を十分吟味し選択しなければならない。園外で拾ってきたどんぐりや木の葉、小石等を遊びに利用できるよう、子どもたちが気づくような所に置き、使いたい時にいつでも子どもが取り出せるよういろいろな用具を準備しておく必要がある。人為的な物よりも自然物に興味を持ち、創意工夫ができるような物を準備し、子どもの好奇心をくすぐるような環境構成を心がけるべきである。

● 身近にある素材

　表現を引き出すために、子どもにとって身近にある物を使うことも有効である。第5章に具体的な方法が述べられているが、保育の現場では、新聞紙、ダンボール、箱、ロープ、カラービニール袋、ゴム、フープ、ビニールシート、布、タオル等、様々な素材を用意することができる。これらを使うことによって、動きを工夫し表現の世界に導くきっかけをつくることができる。

こんにちは！　はーい！

　新聞紙は布団になったり、島になったり、ちぎって雪になったりする。また、ダンボールがあれば、箱の中に入ったり出たりすることを楽しみ、風呂に見立て遊んだりできる。筒状にして中に入れば車になったり、友達と連結して電車になったりする。これらは生活体験の再現である。さらに、ダンボールを開いて板状にして、複数枚を立てて置くことで家に見立てお家ごっこを楽しんだりする姿が見られ、子どもたちの遊びの世界が広がる。

　タオルや大きな布があれば新聞紙やダンボールと同様に、様々な遊びを展開することができる。体に巻き付けて、洋服やマントにしたり、フワッと上に持ち上げたり投げたりすることで、雪や風を感じたりすることができ、結んでボールのようにすれば、投げたり転がしたりする遊びを楽しむことができる。

雪が降ってきたよ

楽しいだるまさん

　それぞれの布の素材や質感からイメージを引き出し、そのイメージしたものから工夫した動きをさらに引き出すことができる。

　保育者は子どもたちの表現したい内容を考えて、見通しを持って使う素材をいつも準備しておくことが必要である。

● 音

　子どもの身体表現を引き出す環境として、音を考えてみよう。子どもの周りには、自然音や生活音があふれており、それらの音に気づき、表現してみる。また保育の場には、必ず何らかの楽器が用意されている。保育者がピアノで伴奏をしながら歌い、子どもたちは、カスタネット、鍵盤ハーモニカ、タンバリン、鈴、トライアングル、太鼓、シンバル等いろいろな楽器に親しむ機会が与えられる。また、身近な物を使って作った楽器などで表現を楽しむことができる。空き缶や竹を叩くだけで、立派な打楽器になる。

　引き出したい表現にふさわしい音楽があれば、いくつかを準備してBGMとして流し、子どもたちの反応をみる。音楽をかけることによって動きがスムーズになりイメージが広がる様子であれば、音楽を使うこともよい。

　動きによる表現遊びにおいては、BGMが楽曲でない方が豊かなイメージにつながる場合もある。メロディラインや歌詞にとらわれてイメージが固定してしまうより、打楽器のリズムのみ、擬音語の声といったBGMの方が一人一人の個性が現れやすい。音楽がなくとも、子どもたちが自分の体を叩いて音を出したり、声を発しながら動いたりする方がさらに効果的な場合もある。

　保育者としては、CDプレイヤーを準備し、いろいろな音源が使えるようにしたい。子どもにCDプレイヤーの操作を教えて、いつでも使えるようにしておくことが大切である。また、保育者自身が普段からいろいろな音楽に親しみ、音を集めておくと、表現遊びの際に利用できる。いろいろな音を集めた効果音楽集も有効である。発表会や運動会の音作り

の際にパソコン等があると編集しやすい。

● 本・写真・VTR

　子どもの表現遊びでは、本・写真・VTR等がイメージを深め、表現を引き出す助けとなる。

　絵本は、子どものそばに必ず用意されている。何度も何度も同じ本を読んだり見たりと、どの子もお気に入りの本がある。身近な話の中から、ごっこ遊びに転じたり、つぎたし話を創ってみたりと、創造性を豊かにして遊びを広げることができる。

　私たちは、実際に宇宙へ行ったことはないが、宇宙空間は無重力で空気がないことを知っている。子どもたちもいろいろな情報を、VTRを観ることで知ることができる。草原を走るライオンになったり、宇宙遊泳の真似をしてみたり、魚になって海の中を泳いでみたりと実体験がないことでも楽しむことができる。

　室内にモニターやVTR等が用意され、視聴できると便利である。興味を持った時にすぐ手に取って見られるように、絵本や図鑑、写真集等を準備するとよい。

　季節や行事に合わせて、保育室に置く本や壁面の装飾を変えたり、子どもたちと制作する等、子どもが興味関心を示すよう保育者の配慮が必要となる。

● 衣装の工夫

　子どもはしっぽをつけたり、耳をつけたりするだけで、自由な想像の世界へ入ることができる。

　スカーフをかぶったり、新聞紙にくるまったりと簡単な材料を使って遊んでいる。どんな衣装がふさわしいか、子どもたちと一緒に考えたり作ったりするのも楽しい活動である。

　例えば忍者の修行をする時に、風呂敷で作った頭巾をかぶり、カラービニール袋で黒装束を作ってもよい。簡単な工夫で、イメージ豊かに表現できるような衣装を考えたい。

忍者に変身！

（5）　雰囲気作り

　遊び空間を工夫することにより、子どもの持つイメージが変化し表現活動が豊かになる。子どもの遊び空間を見ると、保育室、遊戯室、園庭、公園や、山、海、川、林等の自

然がある。保育者は、どのような場で活動した方が表現豊かになるかを考え、場を提供する必要がある。園庭で固定遊具を使った忍者の修行をしたり、プールで水中の生き物に変身ごっこをしたりと、子どものイメージを膨らませるような設定が大切である。

　表現する場の照明を変化させただけで、子どもの表現も変わる。表現を引き出す環境の一つとして、照明効果がある。表現するもののイメージにあわせて、室内の照明をつけたり消したり、あるいはカーテンを開けたり閉めたりするだけでも表現遊びが発展していく。青山ら（1999）の実践研究の中で、海底のイメージを子どもが考えて室内を暗くし、潜水艦の先頭に懐中電灯を照らし海底を探索するなどの展開例が見られる[3]。VTRを見て深海は暗いという事実に子どもが気づき、それを保育者が受けとめて室内を暗くするという環境を創ったことでイメージが湧き表現が豊かになった。照明というと特別な照明器具を考えがちだが、身近にある物で工夫するとよい。

　このような表現する場の雰囲気（ムード）を盛り上げるのも保育者の役割である。

　また、自然や社会の事象を取り上げる時は、その時期（タイミング）を考慮する必要がある。日本には四季があり、季節によって様々な自然に親しむことができる。春に畑を耕し芋の苗を植え、暑い夏に水やりや草取りをし、実りの秋に芋掘りを体験する。掘った芋でいろいろな料理をして、みんなで自分たちの育てた芋を食べる。残った芋でスタンピングを楽しむ。このような一連の活動をその都度表現遊びで取り上げ、年間の取り組みの様子として発表することもできる。行事の中でも子どもたちの印象に残ったものや、自分たちで作り上げた実感のあるものは、終わっ

豊作祭りだ　おみこしわっしょい
（表現遊びとしてp.97、p.118参照）

た後も子どもたちの間では「ごっこ遊び」として続く場合が多い。

　行事を成し終えた充実感が消えないうちに、子どもたちの共通体験を表現遊びとしてとらえ、疑似体験させることもできる。

（6）　自然・社会の事象

　子どもの身近にある自然の事物や現象を、自分の体で実感し興味を持つような環境を準備する必要がある。春夏秋冬を体で感じ、暑い、寒い、暖かい、涼しいといった温感や、水・土・砂に触れ、季節の草木に親しむ機会を作る。一年中空調された室内で過ごしてい

3）　青山優子・井上勝子ほか：『子どもの表現遊びを引き出す手だて』九州体育・スポーツ学会第48回大会号、p.64、1999

ると、気候に適応できない体ができあがってしまう。思い切り体を動かし泥んこになって汗をかき、遊び込んで欲しい。

　子どもが実際に自然に触れる体験をすることで表現遊びが変容していった事例として、青山（1997）の「自然の中での子どもの体験の重要さと表現遊び」を紹介する。同じ新聞紙を使った表現遊びを3回行うのだが、2回目・3回目の間に、野原で遊んだり、山でキャンプをしたり、山へ登ったりという自然体験が織り込まれた。青山は、「自然体験が、子どものイメージの世界を広げ、遊びを想像する力を養い、運動をダイナミックにして持続させるなど、積極的な運動意欲へと結びつく」と述べている[4]。自然環境が失われつつある現在、子どもが自然の中で遊ぶことは難しくなってきている。大人は子どもに、日常の生活では経験できない自然を体験し、感動する機会を提供すべきである。

　年間を通じて日本の文化や伝統を知らせ、昔から伝わる歳時の由来を教えるなど、社会事象に関心を持つよう援助することも大切である。正月、節分、七夕等の季節の行事や○○記念日・○○週間といった行事を保育内容に取り上げているところも多い。昔は家庭で行われていた餅つきも、餅は店で買う物になってしまい、餅つきを体験させたいと園で行うところも多い。

　地域や家庭で継承されなくなった伝承遊びも、園で仲間とともに遊び、伝えていく必要がある。伝承遊び、手指を使って遊び、操作性を高めるものや、友達と一緒に歌ったり、言葉のやり取りをしたりして、数を覚える等、遊び込むことによって発達を助長する。長い時を経て受け継がれてきたわらべ歌を絶やさないように、独楽、面子、ビー玉、おはじき、お手玉、あやとりが忘れ去られてしまわないように、遊びの文化を子どもたちに引き継いでいって欲しいものである。このように失われつつある文化を継承する役を園が担い、保育者は地域・家庭で伝承されなくなった遊びを子どもたちに伝えていく必要がある。

自然体験

---

4)　青山優子：「自然の中での子どもの体験の重要さと表現遊び」『第一保育短期大学紀要』14号、pp.37-45、1997

第5章　楽しい身体表現遊び

　子どもを見ていると、楽しい時は、満面の笑みとともに自然と体が躍動し、様々なことを体で試す姿があり、怒っている時は、全身硬直し微動だにせず、今にも爆発しそうである。そして泣いている姿は、大声を発し、地団駄を踏み、クシャクシャな顔も出現する。

　まさに乳幼児期の子どもは、その存在そのものが豊かな表現体といっても過言ではない。

　様々なイメージの想起が発達の特性であるこの時期に、折々の気持ちを"からだまるごと"で、イメージの世界に遊ぶ身体表現遊びを十分楽しませたいものである。

　子どもの身体表現遊びは、子どもが毎日の生活の中で、友達や保育者とともにいろいろなものに関わったり探ったりしながら、新たな気づきや感動に出会うことから始まる。その中で、一人一人の心に描かれたイメージが、十分受け止められ認め合いながら展開していく。

　人生の出発点であるこの乳幼児期に、自分が感じ見つけたことに自信を持って、思い切り体で表現したり、互いの表現を認め合ったりする友達との関わりは、健やかな心身の発達を促す生命力のベースとなるであろう。楽しい身体表現遊びを通して、小さな表現の芽生えを大切に育てながら、たくましく生きる力を育てたいものである。

1　楽しい身体表現遊びの実践

（1）　実践にあたって

　子どもの身体表現遊びを楽しく豊かにするには、保育者はまず子どもの思いを十分受け入れ、心身を解放することが大切である。そして、日々の保育の様々な場面で、表現の機会をタイムリーにとらえ、表現遊びへ誘うとよい。

　保育者は有効的な言葉かけやイメージが広がるいろいろな環境を整え、子どもが主体的に身体表現遊びを楽しむよう促すとよい。

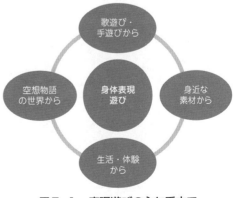

図5-1　表現遊びの主な手立て

身体表現遊びに取り組む「手だて」として、4群に分類した（図5-1）。

（2）　身体表現遊びに誘う応答的な言葉かけ

　子どもは日常生活の中で様々なものに出会い刺激を受け、感性の高まりとともに多くの気づきがある。保育者がその場面をとらえ表現の世界へ誘う有効的な言葉かけとして、「見つけた？　なあに？」をキーワードにするとよい。次に「それから？」と子どもと応答しながら、簡単な「つぎたし話」をすることが楽しい身体表現遊びにつながる。

　【エピソード１】は、２歳児の園庭での「気づき」から始まった簡単な身体表現遊びである。このように子どもと保育者がやり取りを楽しみながら、一人一人の子どもが異なる気づきを「からだまるごと」で表す身体表現遊びを、短時間でも毎日の保育の中に取り入れたいものである。

【エピソード１】

　２歳児の３人が園庭の樫の木の下で、じっと何かを見つめています。保育者が近寄って「何か見つけたの？」とたずねると、「見て見て」と指をさします。３人それぞれ「ダンゴムシ　みーつけた！」「アリさん　みーつけた！」「どんぐり　みーつけた！」と得意げに話してくれます。「わぁー　すごいね　ダンゴムシかわいいね　アリさん何してるのかな？　♪どんぐりコロコロどんぶりこ♪　だね」と保育者が伝えると「ダンゴムシ　じっとして動かないよ」「アリさんいっぱいいる　ちょこちょこ歩いてるよ」「どんぐり　転がるかなー？」とそれぞれ気づいたことや感じたことを口にします。保育者が「ダンゴムシになーれ　アリさんになーれ　どんぐりになーれ」と身体表現に誘うと、すぐに横のベランダで思い思いに変身します。次に「ダンゴムシ動くかな」「アリさんどこに行ってるの」「どんぐりさんお山からコロコロコロ」など保育者が伝えると、さらに子どもとのやり取りが発展して、丸くなったり皆で並んで歩いたり歌いながら転がったり、みんな一緒の楽しい身体表現遊びになりました。

見つけた？　➡　なあに？　➡　それから？

ホラ！見つけたよ　　　きれいな葉っぱ　大きなどんぐり　　　どんぐりコロコロ

（3）　保育者の模倣から主体的な身体表現遊びへ

　表現遊びの始まりが保育者の模倣であると、子どもはリラックスした雰囲気で自然に活動を楽しむことができる。その中で子どもの表現をしっかり受け止め、さらに引き出す適切な援助が必要である。そこから、一人一人個性のある豊かな表現が育つのである。

　子どもの「表現」を豊かに育むには、表現力豊かな保育者がそばにいると有効である。保育者は子どもと一緒の活動で、自らも表現者として身体表現を楽しむとよい。

　【エピソード2】は、今年も到来したツバメの巣にいち早く気づいた子どもの知らせに、そのことをまだ十分理解できていない年少児を保育者が誘い、ワクワクしながら皆でツバメの巣を見に行き表現遊びに誘った。保育者は入園間もない子どもに、思いきり自ら表現して遊ぶ楽しい姿を示した。

【エピソード2】
　「お寺の門にツバメがやってきたよ！」毎年やってくるツバメにいち早く気づいた年長児が皆に報告します。そのニュースに何となくワクワクしている3歳児を保育者が誘い一緒にツバメの巣を見に行きます。親ツバメが餌をくわえて巣に戻ると、それまでおとなしくしていた子ツバメたちが、一斉に大きな声でピピピピと鳴きだし口を大きく開けます。それを見た子どもたちは両手でくちばしを作りピピピピと言っています。「かわいいね　みんなくっついてるね」と言いながら皆で観察しました。
　その後、子どもがツバメの様子を友達と楽しく話している姿を見て保育者は身体表現遊びに誘いました。
　保育者が親ツバメで子どもが子ツバメになることから始めます。「お母さんツバメですよ　ピピピピ　どの子から餌をあげようかな」子どもは両手でくちばしを作り、ピピピピと餌を求めます。「お山の向こうの遠くまで餌をとりに行くからね　みんなおりこうに待っててね」子どもたちはくっついて、保育者の動く様子を見ています。次に子どもと保育者の役割を交代して表現し、さらに子ツバメの飛び立つ練習や、怖い大きな鳥（鷹）のことなどイメージを膨らませて身体表現遊びを楽しみました。

示す　→　引き出す　→　手放す

今年もツバメがやってきた

ピピピピ餌ですよ！

飛び立つお稽古

アッ落っこちた

（4）　身体表現遊びをダイナミックに展開

　子どもは大好きな題材で繰り返し身体表現遊びを楽しんでいると、さらに楽しい表現を見つけようとしてイメージを膨らませ新たな表現へ挑戦しようとする。松本は「身体表現遊びは一つの種からいろいろな花が咲くように、一人一人の個性が何よりも大切にされ、子どもにとって自由にのびのびと表現できることはこの上もなく楽しい活動であるが、個性を生かすには、原点に照らしながら、個性の幅を含みこむ共通の『てだて』が大切です。」と述べている[1]。

　幼児の表現活動においても幼児教育の原点を尊重しつつ、その意味を大きく広く解釈して展開することが大切である。保育者は表現遊びを実施するにあたり、子どもの発達を考慮し、その発達段階に即したねらいや援助の仕方が重要となる。

　【エピソード3】は、年長児の身体表現遊びであり、一人一人が生かされた楽しい活動の中に、仲間との関わりを認め合いながら、子どもの意欲がさらに育まれ、活動を工夫するよう導いた「忍者分身の術」の身体表現遊びである。

【エピソード3】

　忍び足の術、手裏剣の術、隠れみの術等、本時が2回目となる忍者の表現遊びを子どもたちは大好きで、最初から忍者になりきって身体表現を楽しんでいます。

　「友達と一緒にいろいろ見つけて動こう」が本時のテーマで、一つのグループが「分身の術」に取り組み案を出し合っていますが、なかなか動きに結びつきません。その時保育者が「エグザイルみたいに動いてみたら」と一言いうと、人気のダンスということもあり、すぐにダンスの一部を自分たちの表現へと結びつけて動き始めます。ワイワイ盛り上がりながら動き「せんせい　まえからみて」とさらに楽しんで工夫する姿がありました。

楽しく → **一緒に** → **ちょっと工夫して**

忍者隠れみの術

忍者手裏剣の術

忍者分身の術

1）　松本千代栄：前掲書

2　歌遊び・手遊びから身体表現へ

　子どもは歌を歌うことが大好きである。十分に言葉が出ない年齢でも、全身で体を揺らしたり弾ませたりしながら、楽しそうにリズムに合わせて歌っている姿がよく見られる。歌と動きは密接な関係があり、手遊びをして、歌いながらリズミカルに動くことは、子どもの最も好む活動である。

　歌遊びや手遊びは場所を問わず、手軽に遊べる身近な伝承遊びである。祖父母から父母へ、父母から子どもへ伝えられた遊びは、スキンシップを通して、心と心を通じ合わせ、人と人との間に信頼感や安心感を育てる重要な役目も果たしている。

　ここでは、遊びの特性を踏まえながら、子どものイメージを広げ、身体表現の世界に誘っていく歌遊び・手遊びの多様な展開方法を紹介する。

　保育者は、基本の遊び方を大切にしながら、遊びの広がりにチャレンジする姿勢を持ちたい。さらに、子どもの新たな創造性が膨らむよう、創意工夫を加えることが望ましい。

〔わらべうた〕

なべなべそこぬけ
おちゃらかほい
らかんさん

あぶくたった
いとまき
一本橋

〔歌遊び・手遊び・ふれあい遊び〕

きゅうりができた
たけのこいっぽん
あたま　かた　ひざ　ポン
かもつれっしゃ
ロンドン橋

もうじゅうがり
おべんとうばこのうた
グーチョキパーでなにつくろう
まあるいたまご

あたま　かた　ひざ　ポン

作詞：不詳　作曲：イギリス民謡　補詞：二階堂邦子

あ　た　ま　か　た　　ひ　ざ　ポン　　　ひ　ざ　ポン　　　ひ　ざ　ポン

あ　た　ま　か　た　　ひ　ざ　ポン　　め　み　み　は　な　　く　ち

基本的な遊び方

歌に合わせて両手で体の部位を触れる。

「ポン」のところでは、手拍子を1回する。

> 緊張をほぐし、楽しみながら保育者に注目できる手遊びである。入園当初、話し始めの時、
> 子どもがザワザワして落ち着かないなどの状態の時に使うと効果的である。

遊びのポイント

歌いながら、楽しく体の部位を認識できる遊びである。

歌のテンポを変えるとさらに楽しくなる。

工夫した遊び方1

「♪め　みみ　はな　くち」のところを　**むね、おしり、はら、かかと、つま先**など体のいろいろな部分に変えてみる。

工夫した遊び方2

「♪め　みみ　はな　くち」のところを、壁や床や友達同士でくっつけて遊ぶ。

工夫した遊び方3

「♪め　みみ　はな　くち」のところを、動物や乗り物の名前に変えて、変身して遊ぶ。

2　歌遊び・手遊びから
身体表現へ

0～1歳頃

2～3歳頃

4～6歳頃

なべなべそこぬけ

わらべうた

なべ　なべ　そこ　ぬけ

そこがぬけたら　かえりましょ

基本的な遊び方

①　２人組になり、向かい合って手をつなぐ。

②　♪なべなべ　そこぬけ　そこがぬけたら
　歌にあわせて、つないだ手を横に揺らす。

③　♪かえりましょう
　つないだ手を離さずに裏返しになる。

④　外向きのまま②③を繰り返して歌い、
　「♪かえりましょう」の所で元に戻る。

遊びのポイント

　わらべうたは、友達と歌いながら遊ぶことができる。この遊びには、反転する感覚と友達が視界から消えたり現れたりする面白さがある。相手とのスキンシップがあり、パートナーチェンジをしたり、保育者と遊んだり、いろいろな人との関わりを楽しめる。

　人数を増やしたり、くぐり方を変化させるなど工夫が可能である。

工夫した遊び方1

慣れてきたら、2人組から人数を増やしてやってみる。

> クラス全員で歌いながらやっても面白い。

工夫した遊び方2

かえり方を工夫する。

工夫した遊び方3

「なべ」からイメージできるものを表現して遊ぶ。

グループで協力しながらみんなでやってみたいものを表現して遊ぶ。

> 子どもがイメージしたものの動きの特徴をとらえ、擬音語・擬態語を用いた言葉かけをする。

おちゃらかホイ

わらべうた

せっ　せっ　せー　の　よい　よい　よい

お　ちゃら　か　お　ちゃら　か　お　ちゃら　か　ホイ

お　ちゃら　か　｛かっ　た　よ／ま　け　た　よ／あ　い　こ　で｝　お　ちゃら　か　ホイ

基本的な遊び方

♪せっせっせの
両手をつないで上下に振る

♪よいよいよい
つないだ手を重ねて上下に振る

♪おちゃらか〜ホイ
自分の手と相手の手を交互にタッチ
最後にジャンケン

♪おちゃらか｛勝ったよ／負けたよ／あいこで｝

勝つとバンザイ

負けるとあやまる

あいこは相手と両手あわせ

遊びのポイント

友達とスキンシップをとりながら楽しくリズミカルなジャンケン遊びである。
ジャンケンの勝ち負けを瞬時に判断し表現することが面白い。

工夫した遊び方1

体全体でジャンケンをする。

グー

チョキ

パー

工夫した遊び方2

約束事を決め、先生や友達とジャンケンをして遊ぶ。

勝
スキップ	喜びのポーズ	いろいろな動物（うさぎ）

負
がっくりする	腹這いで泣くまね	いろいろな動物（ぶた）

あいこ
抱きあう	握手をする	いろいろな動物（ねこ）

かもつれっしゃ

作詞：山川啓介　作曲：若松正司

かも　つれっしゃ　しゅっしゅっしゅ　　いそ　げい　そげ　しゅっしゅっしゅ

こんど　の　えき　で　　しゅっしゅっしゅ　　つもうよ　に　も　　つ　ガッシャン

基本的な遊び方

① ♪かもつれっしゃ　シュッシュッシュ〜こんどのえきで　シュッシュッシュ

両手で車輪を作り、機関車が走るように回転させながら、自由に動いていく。

② ♪つもうよ　にもつ　ガッシャン

相手を見つけ、ジャンケンをする。

③ 勝った人が運転手となり、負けた人は勝った人の後ろにまわり両肩に手をのせる。

④ 次に、先頭の人が運転手となり、先頭の人同士でジャンケンをし、負けた組は勝った組の最後尾につながっていく。

（①〜④を繰り返す。）

遊びのポイント

子どもにとって、この遊びの面白い点は、相手を見つけジャンケンをするところにある。しかし、この遊びでジャンケンに負けた人は、再びジャンケンをするチャンスはない。子どもには、多くのチャンスを通して、挑戦する意欲が育つことも大切であり、遊びをいろいろ工夫してみるとよい。

また、先頭の運転手の勝ち負けを、同列の子どもが共有できる工夫があれば、自らジャンケンができなくても十分楽しむことができ、皆で長くつながった機関車になりきって、気持ちを合わせて動くことも楽しい。さらに、「山を登りまーす　次は下りデース」など保育者の言葉がけがあると、勝ち負けだけにこだわることなく、機関車のスピードの変化などの動きを十分に楽しむこともできる。

工夫した遊び方1

① ジャンケンをして負けた場合、負けた一人だけが勝った列の最後尾につながる。

② 何回か繰り返し行い、ストップの合図を出し、運転手の後ろにつながっている車両の数を数える。

> 自分の前にいる運転手が負けた場合、自分にも再び運転手になるチャンスがおとずれることになる。

> ストップの合図を出すタイミングは、
> ・あまり目立たない子が運転手になった時
> ・長い列の先頭が負けた瞬間　etc.
> その時の状況に応じて保育者が決めるとよい。

工夫した遊び方2

① ジャンケンで勝った場合、勝った人（組）の先頭から一人ずつ順番に「ばんざい」と言いながらばんざいをして、後ろ向きになる。

② 負けた人（組）は、勝った組の列につながる。

③ 最後に「ばんざい」と言って振り向いた人が
先頭になり、出発する。

（①〜③を繰り返す。）

> 一人2回のジャンケンのチャンスがある。長い列になってからも、「ばんざい」の動作も入り楽しめる。

工夫した遊び方3

ジャンケンで勝った組は、全員の足でトンネルをつくり、負けた組は、その中をくぐり、最後尾につながっていく。

> 勝った組は、いろいろな形のトンネルを作ってみよう。トンネル以外で最後尾まで進んでいく方法を考え、勝った組が負けた組に提案しても面白い。

工夫した遊び方4

保育者が運転手になって、長くつながった列を、特急列車や鈍行列車などに見立て、前の人と離れないように動いていく。

> 保育者の擬音語なども取り入れた言葉かけで、速度変化や空間変化など工夫していくと面白い。少し慣れてくると、保育者はピアノなどで伴奏音楽をつけていくこともできる。

工夫した遊び方5

行き先を変えて表現遊びへと誘う。

♪こんどのおふろで　シュッシュッシュ　シャンプーしよう　ガッシャン

♪こんどのうみで　シュッシュッシュ　バシャバシャおよごう　ガッシャン

♪こんどのやまで　シュッシュッシュ　スイスイスキー　ガッシャン

♪こんどのゆうえんちで　シュッシュッシュ　ジェットコースターのろう　ガッシャン

〔類似の遊び〕
ゴーゴーれっしゃ　♪ゴーゴーゴーゴー　ジャンケンれっしゃ
なーがくなーがくなーがくなーる
ゴーゴーゴーゴー　ジャンケンれっしゃ
こんどのあいてはきみだ　ジャンケンポン

らかんさん

わらべうた

ら　かんさんが　そ　ろ　た　ら　ま　わそ　じゃな　い　か

よい　や　さ　の　よい　や　さ　　よい　や　さ　の　よい　や　さ

基本的な遊び方

① ♪らかんさんが　そろたら　まわそじゃないか

手をつないで輪をつくり、輪の一か所に一人が入れるくらいの小さな円を描き歌いながら輪をめぐっていく。

② ♪よいやさの

小さな円のところに止まった子が、ひたい、ほお、鼻など、顔の一部に両手でこぶしを作り重ねてあてる。

③ ♪よいやさ

右どなりの子どもが、前の子どものこぶしの位置と違うところにこぶしを置く。

④ ♪よいやさの

また右どなりの子どもが前の子どもとは違った位置にこぶしを置く。このように「よいやさの　よいやさ」を繰り返しながら、順々に回っていく。

⑤ ♪よいやさ

同じ位置にこぶしを置いたら負け。

慣れてきたらテンポを速める。

遊びのポイント

ものまね遊びの一つで、初めて遊ぶ時や幼い子どもの場合は、円の中に入った子どもと同じ位置にこぶしを置いて真似をして遊ぶ形にするとよい。

ワンテンポずつ遅れて同じしぐさをすることになり、リズミカルな調子を楽しむことができる。

また、顔だけでなく、体のいろいろなところにこぶしを置くなどし、体の部位の認識につながる遊び方もできる。

工夫した遊び方1

①　2人組で向かい合って座る（立ってもよい）。どちらかがリーダーになり、最初の「**よいや
さ**」で自由なところにこぶしを置く。相手はそれを真似る。初めは次に置く場所をゆっくり考
えられるように、「**よいやさのよいやさ**」まで使って長く動くようにしてもよい。慣れてきた
ら、人数を増やして遊ぶ。（リーダー対数人）

工夫した遊び方2

①　「**よいやさのよいやさ**」でいろいろな顔の表情やポー
ズをし相手はそれを真似る。

> 笑った顔、怒った顔、泣き顔や面白い顔など、
> にらめっこのようにして遊ぶこともできる。

②　いろいろなポーズ遊びをする。

> 保育者がリーダーになっていろいろな体の使
> い方を経験できるとよい。慣れてきたら、子
> どもが交代でリーダー役をして遊ぶ。

工夫した遊び方3

　こぶしを置くかわりに「ねこ」「飛行機」など、いろい
ろなポーズをして楽しむこともできる。
　また、真似をする相手は鳴き声や動きの表現で答える
などして、簡単な変身遊びに発展させると、さらに楽し
むことができる。

2
歌遊び・手遊びから
身体表現へ

0〜1歳頃

2〜3歳頃

4〜6歳頃

ロンドン橋

訳詞：高田三九三　　作曲：イギリス民謡

ロン ドン ばし が　お ち る　　お ち る　お ち る

ロン ドン ばし が　お ち る　さあ　どう　しま　しょう

基本的な遊び方

① 橋になる子を2人決め、両手をつないで橋を作る。

② ♪ロンドンばしがおちる　おちる　おちる　ロンドンばしがおちる

橋以外の子どもは、歌を歌いながら、その橋の下を順番にくぐる。

③ ♪さあ　どうしましょう

橋の下に通りかかった子どもを、橋の2人が両手を下ろしてつかまえる。

④ つかまった子どもは、橋の子どもと交代をしながら、繰り返して遊ぶ。

またつかまった子どもは次々と橋に加わり、最後まで橋にならなかった友達を探す遊び方もある。

遊びのポイント

この遊びの面白い点は、橋の下をくぐりぬける時のスリルを味わうところにある。同じ速度で繰り返し動くよりは、速度変化を取り入れ、速く走ったり、ゆっくり歩いたり、リズミカルなスキップをするなど、よりスリルを味わうことができる。

保育者は、歌を歌いながら速度変化を付けたり、ピアノなどで音の高さなどの工夫をすることで、さらに子どもたちのワクワクした気持ちを引き出していくことができる。橋の形をいろいろ変化したり、橋の数を増やすことで、さらに面白くなる。くぐる人も動物などに変身すると、いろいろな動きを楽しめる。

工夫した遊び方１

① 少し慣れてきたら、２〜３か所に橋の数を増やして、橋の形や高さなどに変化を与える。

> 橋になっていた一人は、つかまえた人とジャンケンをして、勝てたら交代ができるなどのルールを増やしても面白い。橋の形に応じて、保育者は歌のテンポを決め歌いだすとよい。

工夫した遊び方２

つかまった人はみんな橋になり、橋の数をどんどん増やしていく。

> つかまった人全員で、大きな橋や長い橋を工夫してつくり、くぐる人もさらにスピードをあげてくぐっていくと面白い。

いろいろな橋

 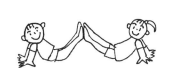 

工夫した遊び方３

① くぐる人は、橋の人から指示されたいろいろな動物や乗り物などに変身して動く。

② 橋も、イメージを膨らませてなりきっているものの動きを工夫してつくる。

> 〔変身する動物や乗り物〕
> いもむし　　　へび　　　うさぎ　　　カンガルー　　　ゾウ
> ジェットコースター　　　大型バス　　　三輪車　　　スケーター

もうじゅうがり

訳詞：米田和正　作曲：アメリカ民謡

もうじゅうがりに　いこうよ　（もうじゅうがりに　いこうよ）

もうじゅうなんて　こわくない　（もうじゅうなんて　こわくない）

だって　てっぽう　もってるもん　（だって　てっぽう　もってるもん）

やり　だって　もってるもん　（やり　だって　もってるもん）

基本的な遊び方

① ♪もうじゅうがりに行こうよ　もうじゅうなんてこわくない

膝をリズムに合わせてたたく。

② ♪だって　てっぽうもってるモン

鉄砲を射つ真似をする。

③ ♪やりだってもってるモン

槍をさす動作をする。その時、片足で軽くリズムを取る。

④ あー

保育者が「あー」と言いながら指をさす。子どもも「あー」と言いながらその方向を見る。

（この動作を2〜3回繰り返す。）

「あー」と子どもが言った後、子どもはさらに「なあに？」と尋ねる。

⑤ ○○だー

保育者が「ライオンだー」と言いながら子どもを追いかけ、子どもはつかまらないように逃げる。保育者がライオン以外の動物を言ったら「あーよかった」と安心して、①から繰り返して遊ぶ。

遊びのポイント

この遊びは、テンポのよい歌に合わせて、心も体もはじけるような、楽しい鬼遊びである。リズミカルなかけ合いとともに体で表現することは、子どもの「ワクワクする気持ち」「ドキドキする気持ち」を十分に満たすことができる。

工夫した遊び方1

保育者が「あーっ」の後に言ったものに変身する。

ぴょんぴょんぴょん
　かえるさんだ

かいじゅうだゾー　ガオー

にょろにょろ
　へびさんだよ

工夫した遊び方2

いろいろなところを冒険する。

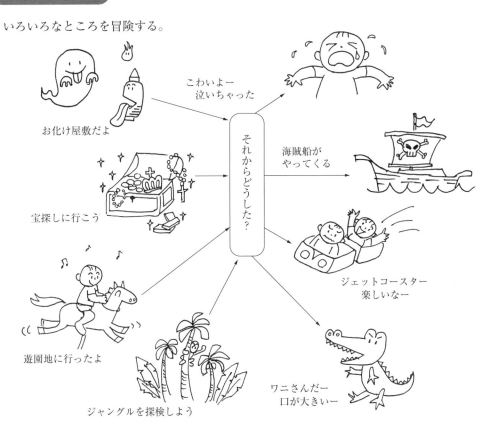

お化け屋敷だよ

こわいよー
泣いちゃった

それからどうした？

海賊船が
やってくる

宝探しに行こう

ジェットコースター
楽しいなー

遊園地に行ったよ

ジャングルを探検しよう

ワニさんだー
口が大きいー

おべんとうばこのうた

作詞：香山美子　作曲：小森昭宏

これっくらいの　おべんとばこに　おにぎりおにぎり
ちょいとつめて　きざ　みしょうがに　ごましおふって　にんじんさん
さ　くらんぼさん　しいたけさん　ごぼう　さん　あな　のあいた
れんこんさん　すじ　のとおった　ふ　き

基本的な遊び

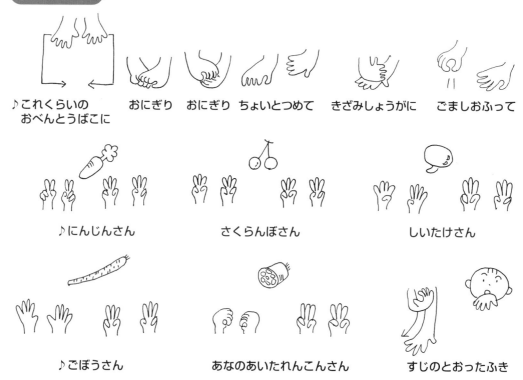

♪これくらいの
おべんとうばこに　　おにぎり　おにぎり　ちょいとつめて　きざみしょうがに　ごましおふって

♪にんじんさん　　さくらんぼさん　　しいたけさん

♪ごぼうさん　　あなのあいたれんこんさん　　すじのとおったふき

遊び方のポイント

　この手遊びは、最も身近で楽しい生活体験が題材である。手指を器用に動かすことで、前頭葉を刺激し、大脳の働きを促す。小さなお弁当箱や大きなお弁当箱を作ることで、速度や空間の変化が生まれ、子どもの世界が広がる。また、お弁当箱の種類や中味を変えることで、子どものイメージが広がる。

2
歌遊び・手遊びから
身体表現へ

0～1歳頃

2～3歳頃

4～6歳頃

工夫した遊び方1

お弁当の大きさ・形を変える。

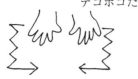
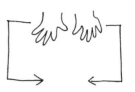

ワニさんのお弁当箱
デコボコだー

ありさんのお弁当箱
かわいいー

おおきーい　ぞうさんのお弁当箱

> 大きなお弁当は、ゆっくり大きな声で、
> 小さなお弁当は、速く小さく、
> ワニのお弁当は、デコボコなど、大きさに
> 合わせて作ると面白い。

工夫した遊び方2

お弁当箱の中味を変える。

ミートボール

鳥の唐揚げ

サンドイッチ

タコウィンナー

工夫した遊び方3

お弁当箱持ってさあー出発だー。

お花見

山へハイキング

宇宙

グーチョキパーでなにつくろう

作詞：不詳　　　作曲：不詳

グーチョキパー で　　グーチョキパー で　　なにつくろう　　なにつくろう

みぎて がパーで　ひだりて がパーで　ちょうちょう　　ちょうちょう

基本的な遊び方

① ♪グーチョキパーで　グーチョキパーで

歌に合わせて、グーチョキパーを手で作る。

② ♪なにつくろう　なにつくろう

腕を組んで体を横に振る。

③ ♪みぎてがパーで　ひだりてがパーで

右手と左手でパーを作る。

④ ♪ちょうちょう　ちょうちょう

両手をちょうちょうの羽のようにひらひらさせる。

グーチョキパーを組み合わせて、いろいろなものを作って遊ぶ。

遊びのポイント

　子どもたちはじゃんけんの意味が理解できなくても、手のひらでグーやチョキ、パーの形を真似る。自分の手でいろいろな形を作り、見立てる面白さがある。初めは保育者がいくつかの遊び方を示し、慣れてきたら子どものイメージで自由に作って遊ぶと楽しい。

　見立てたものになっていろいろ動くことができるので、手遊びから体による表現へつなげやすい。

工夫した遊び方１

① 手で作ったグーチョキパーを、体のいろいろな部位で表現する。

工夫した遊び方２

① 歌遊びに続けて、イメージしたものを体で表現する。

② ちょうちょうになって飛び回ったり、カタツムリになって寝転んでみたり、全身で表現してみる。

> いろいろな動きに発展するよう言葉かけをする。

工夫した遊び方３

① 友達と協力して、いろいろなものを表現する。

② 友達とつぎたし話を作って表現する。

③ できあがったものを友達と見せ合う。

〔例〕
○○ちゃんグーで△△ちゃんパーで
　　　　　おにぎり　おにぎり♪　おにぎりが転がるよ
○○ちゃんグーで△△ちゃんグーで
　　　　　いもむし　いもむし♪　もぞもぞもぞ

まあるいたまご

作詞：不詳　　作曲：不詳

まあ　る　い　た　ま　ご　が　　パ　チ　ン　と　わ　れ　て　　な　か　か　ら　ひ　よ　こ　が

ピ　ヨ　ピ　ヨ　ピ　ヨ　　　ま　　あ　　か　　わ　　い　い　　ピ　ヨ　ピ　ヨ　ピ　ヨ

基本的な遊び方

① ♪まあるいたまごが

両手でたまごの形を作り、歌に合わせて左右に振る
（図1）。

② ♪パチンとわれて

両手をたたく（図2）。

③ ♪なかからひよこがピヨピヨピヨ

両手で羽を作り上下に振る（図3）。

④ ♪まあかわいいピヨピヨピヨ

両手を体前で大きく回し（図4）、両手で羽を作り上下に振る（図3）。

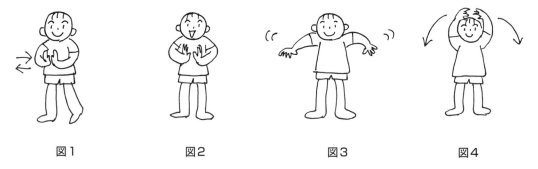

図1　　　　　　図2　　　　　　図3　　　　　　図4

遊びのポイント

　この遊びは自分の手を意識し始める低年齢児（1歳半頃）から年長児まで、幅広く楽しむことができる。座っての「手遊び」だけにとどまらず、立って全身によるダイナミックな動きを伴う「表現遊び」に誘うとよい。

　題材が身近な「たまご」であることからイメージしやすく、保育者が「なかから生まれるものは、なーに？」と尋ね、「生まれるもの」を体でいろいろ表現して遊ぶ。また「それから……」など、さらにイメージが深まる言葉かけにより、一人一人の想いが十分引き出され、動きの種類も増えて豊かな表現となる。

工夫した遊び方1

① 「たまごから生まれるもの」を自由にイメージして表現する。

> はじめは、「たまご」や「生まれるもの」を描いたペープサートを用いて
> 表現遊びに誘うとよい。

② イメージしたものの泣き声や動きの特徴を表す音（擬音語、擬態語、擬声語）を発しながら表現する。

> カエル（ゲーロゲロゲロ・ピョピョピョーン）うさぎ（ピョーンピョピョーン）
> ゾウ（のしのし・ドスーンドスーン・パオーン）わに（のそーりのそーり）
> へび（にょろにょろにょろ・シュー）猿（キィーキャキャキャ）
> ちょうちょう（ふわふわー・ひらひらひら）おばけ（ヒュードロドロドロ）etc.

③ 「生まれるもの」のイメージによって、歌のスピードや音の高低を変化させながら表現する。

工夫した遊び方2

① イメージした「たまご」や「生まれるもの」を友達と一緒に協力して表現する。

> 大きなたまごを友達と手をつない
> だり、重なったり工夫する。

> 大へび・怪獣・ロボット・新幹線・
> 大わし・スイミーの魚たちetc.

工夫した遊び方3

① 「それから……」とイメージをさらに深めながら表現する。

> 「ひよこさーん、餌をあげるよパラパラ　こっちにもあるよ」「あっ、
> ひよこがかくれんぼしてるよ」「あんよがみえてるよ」「ひよこさん
> ねこが狙っているよ」「ひよこさん　なにをしているの？」etc.

> 〔類似の遊び〕
> 　「ころころたまご」　♪ころころたまごは　おりこうさん　ころころしてたら…
> 　「たまたまたまご」　♪たまご　たまご　たまたまたまたま　ごっつんこ　ウーッパカッ
> 　「たまごをぽん」　　♪たまごをぽんと割りまして　そのままたべたら　なまたまご…

あぶくたった

わらべうた

あ　ぶ　く　たっ　た　　に　え　たっ　た

に　え　た　か　ど　う　だ　か　た　べ　て　み　よ

む　しゃ　む　しゃ　む　しゃ　　ま　だ　に　え　ない

基本的な遊び方

① ♪あぶくたったにえたった　にえたかどうだかたべ
てみよ

手をつないで輪をつくり歌いながら回る。

鬼はその輪の真ん中に目かくしで座る。

② ♪ムシャムシャムシャ

中央に集まり鬼の頭を両手でクシャクシャにしながら
食べる。

(「もうにえた」まで繰り返す。)

③ ♪とだなにしまってかぎかけて　ガチャガチャガチヤ

鬼を皆で抱えて違う場所に動かし鍵をかける表現をする。

④ ♪おうちへ　かえって〜　ねましょう

鬼から離れ、それぞれの生活動作をイメージしながら
表現し、最後は横たわる。

⑤ ♪トントントンなんのおと　〜ああよかった

上体を起こし両手で大きな円を描き安心の表現をして
再び横たわる。鬼は「かぜのおと」の返答をいろいろ変
えながら問答を繰り返す。

⑥ ♪おばけのおと

皆は逃げ、鬼が追いかけ、つかまった者が次の鬼に
なる。

遊びのポイント

　この遊びは子どもたちの間で長く受け継がれた鬼遊びである。地域によって多少遊び方は異なるが、何よりも生活経験を表現しながらの鬼遊びは、子どもにとって単に「逃げる―追いかける」だけより数段楽しい。問答をいろいろ変化させ、さらに子どもたち一人一人がイメージの広がりを持った表現遊びへと導きたい。

工夫した遊び方1

① 　手をつないで回るところで、歌のスピードに変化をつけて遊ぶ。

大きななべで
ゆっくり
　　グツグツ

小さな火で
シュッシュッシュッ

② 　「ごはんをたべる」や「おふろにはいる」など生活経験の場のイメージをさらに広げたり深めたりしながら表現して遊ぶ。

フォークとナイフ
（ステーキ）

露天風呂

皆で背中を洗う

工夫した遊び方2

　鬼が次々に代わり「トントントン」からの返答に広がりを持たせ、皆でいろいろなものをイメージして楽しむ。

一本橋

わらべうた

いっ　ぽん　ばし　　こ　ちょ　こ　ちょ

た　た　い　て　　つ　ー　ねっ　て

かい　だん　のぼっ　て　　こ　ちょ　こ　ちょ

基本的な遊び方

① ♪いっぽんばし　こーちょこちょ

人差し指で相手の手のひらをくすぐる。

② ♪たたいて

軽く相手の手のひらをたたく。

③ ♪つねって

軽く相手の手をつねる。

④ ♪かいだんのぼって

人差し指と中指で腕をのぼっていく様子を表現する。

⑤ ♪こーちょこちょ

全身をくすぐる。

遊びのポイント

　この遊びはくすぐったり、たたいたり、つねったりと皮膚感覚を刺激することに有効な遊びである。そのため、乳児を対象としたふれあい遊びとして多く用いられている。複雑な動作が少なく、子ども同士でも簡単に遊ぶことができるため、発達段階に合わせて遊び方を変えるとよい。

工夫した遊び方1

お腹や背中、足などのいろんな部位で遊んでみる。

工夫した遊び方2

渡り方を工夫しながら、一本橋を渡っている様子を表現してみる。

（ロープやタオルなどを使いながら、バランスをとる遊びに発展させてもよい。）

　　例：くねくねした橋をそーっと慎重に渡っている様子。

　　　　ゾウになりきって「ドシンドシン」と力強く渡る様子。

工夫した遊び方3

階段をのぼった先の場所をイメージして遊んでみる。

　　例：階段をのぼった先に神社があり、お参りをする様子。

　　　　デパートの階段をのぼった先にお店があり、買い物を楽しむ様子。

きゅうりができた

ふれあい遊び

きゅう	り	が	で	き	た
しお	ふっ	て	パッ	パ	パ
いた	ず	り	キュッ	キュ	キュ
トン	ト	ン	きっ	て	ね

基本的な遊び方

① ♪きゅうりができた（3回繰り返す）　さぁたべよ

乳児の両足を持ち、リズムに合わせて左右に揺らす。

② ♪しおふってパッパパ（3回繰り返す）　パッパパッパパ

塩をふりかけるように、体全体を指先で優しく刺激する。

③ ♪いたずりキュッキュキュ（3回繰り返す）　キュッキュキュッキュキュ

足から胴体にかけて、さするように軽く揺らす。

④ ♪トントンきってね（3回繰り返す）　トントントン

手を包丁に見立て、体全体をきゅうりを切るように優しく刺激する。

遊びのポイント

　この遊びは、生後数か月の乳児に有効な遊びである。歌に合わせて体を揺らしたり、さすったりすることで、触覚や温度覚などの皮膚感覚を中心とした感覚刺激を与えることができる。まだ一緒に運動ができない時期に、ふれあいを楽しむことを目的として取り入れることができる遊びである。ベビーマッサージの一種としても活用することができる。

　幼児を対象とした遊びにも活用することができ、野菜や魚などになりきって遊んだ後、コックさん等の調理者になりきって遊ぶのもよい。

工夫した遊び方１

オリジナルのフレーズを加え、揉む、さする、くすぐるといった動作を加える。

　　例：塩漬けもみもみ　⇒　揉みこむ動作

　　（歌が終わった後に）いただきます　⇒「ムシャムシャ」くすぐる動作

工夫した遊び方２

　魚や野菜などになりきって表現遊びをした後、調理をする場面の遊びとして取り入れる。調理
をする側、される側に分かれて、お互いにいろいろな調理法で調理を楽しむ。

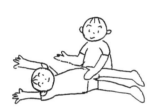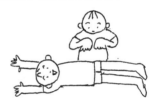

工夫した遊び方３

　調理をされている野菜や魚などの材料になりきり、一つの料理ができ上がるまでの劇遊びへと
つなげる。

　　例：「カレー作り」

　　　じゃがいも役になりきって、切られたり、煮込まれたりしている時のじゃがいもの気持
　　　ちや動作を表現して遊ぶ。

〔類似の遊び〕
「きゅうりの塩もみ」　♪こりゃこりゃ　りっぱなきゅうりだホイ　パラパラ塩を…
「ラララぞうきん」　　♪ラララぞうきん　ラララぞうきん　ラララぞうきんを縫い…

２
歌遊び・手遊びから
身体表現へ

0〜1歳頃

2〜3歳頃

4〜6歳頃

いとまき

わらべうた

いと　まきまき　いと　まきまき　ひい　てひい　て　　トントントン

で　ー　きた　　で　き　た　　こ　び　とさんの　　お　く　つ

基本的な遊び方

① ♪いとまきまき　いとまきまき

両手でグーを作り、体の前で横にしてぐるぐる回す（かいぐり動作）。

② ♪ひいて　ひいて

両手のグーを体の前で合わせた状態から左右に広げる。

③ ♪トン　トン　トン

両手のグーを上下から交互に打ち合わせる。

④ ♪できた　できた

4回拍手をする（喜びを表現する）。

⑤ ♪こびとさんの　おくつ

こびとの姿を自由に表現してみる。

遊びのポイント

　この手遊びは、指を細かく動かす必要がないことから、手先を器用に動かすことに慣れていない0〜1歳児にとっても親しみやすい遊びである。また、「かいぐり」という手を体の前でぐるぐる回す動作は運動発達に効果的であるものの、乳児には難しい場合もあるため、場合によっては保育者が手を添えながら動かしてあげるとよい。

　最後のフレーズにある「こびとさんのおくつ」を子どもたちの好きなものに変えて遊ぶことで、表現遊びの導入として活用することができる。

工夫した遊び方1

「おくつ」の部分を「ぼうし」「ようふく」などに変えて、自分の好きなものを作ってみる。また、「こびとさん」を他の動物や子どもたちの名前に変えて楽しむ。

　　例：こびとさんの　ぼうし♪

　　　　うさぎさんの　およふく♪

　　　　○○ちゃんの　おくつ♪

工夫した遊び方2

「トントントン」というオノマトペの部分を「ドンドンドン」や「ペタペタペタ」など、作っている場面をイメージしやすい音に変えてみる。また、オノマトペから想像される動物や乗り物になりきって遊んでみる。

　　例：「ペタペタペタ」→ペンギンになりきって歩いてみる。

工夫した遊び方3

グループで好きなものを作ったり、動物や乗り物を全員で表現したりして遊んでみる。

　　例：怪獣の大きなぼうしを4人で作ってみる。

　　例：ゾウの鼻、体、尻尾をそれぞれが表現し、複数人でゾウになりきってみる。

たけのこいっぽん

わらべうた

たけのこいっぽん	おくれ	まだめがでないよ
たけのこにほん	おくれ	ままだめがでないよ
たけのこさんぼん	おくれ	もうめがでたーよ

基本的な遊び方

① 鬼は「♪たけのこ　いっぽん　おくれ」と歌い、たけのこ役に問いかける。

② 1人目のたけのこ役は木などにつかまり、鬼から抜かれないよう準備をする。

　　たけのこ役がまだ残っている場合は「♪まだ　めがでないよ」と歌い、準備が整っていない

　ことを鬼に知らせる。

③ 鬼は「♪たけのこ　にほん　おくれ」と歌い、2人目のたけのこ役が準備するのを待つ。

④ 2人目以降のたけのこ役は前の人の腰あたりにしがみつき、抜かれないよう準備する。

⑤ たけのこ役の人数に応じて、③〜④を繰り返す。

　（たけのこ役は「♪まだ　めがでないよ」と歌いながら人数を増やしていく。）

⑥ たけのこ役の準備が整ったら「♪もう　めが　でたよ」といって鬼に準備が整ったことを知

　らせる。

⑦ 鬼はたけのこ役を列から引き離し、途中で切れてしまった人が次の鬼となる。

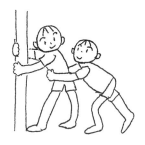 

遊びのポイント

　この遊びは、鬼がたけのこ役を列から引き離していくというシンプルな遊びであり、幅広い年齢の子どもたちが楽しむことのできる遊びである。列をつくるたけのこ役は触れ合いが多くなるため、年度初めにおいて、アイスブレイクとしても活用することができる。注意点としては、相手を引っ張るという遊びの特性上、無理に引き抜いて怪我をしないよう、引っ張る部分や引っ張り方などに注意が必要である。

工夫した遊び方1

列の作り方を工夫して、引き抜きやすさを変えて遊ぶ。

　例：横を向き、腕を組んで列をつくる。

　　　肩をつかんで列をつくる。

　　　全員が一か所に密集する。

　　　（円になって、大根ぬきなどの遊びに発展させてもよい。）

工夫した遊び方2

たけのこほりに行くストーリーを考えて、その様子を表現して遊ぶ。

工夫した遊び方3

引き抜かれたたけのこになりきって、いろいろな料理を作って遊ぶ。

　例：まずはたけのこを洗おう「ゴシゴシゴシ」

　　　（横になったたけのこ役の子を洗うようにこする。）

　　　次はたけのこを切ってみよう「トントントン」

　　　（包丁に見立てた手で、たけのこ役の子を切るしぐさをする。）

3　身近にある素材から身体表現へ

　子どもたちの遊びの場面では、身近にある様々な素材をいろいろなものに見立て、創意工夫しながら遊びに使っている。その素材を通してイメージを膨らませ、さらに違ったものへ変化・発展させながら仲間と共有した世界の中で表現を楽しんでいる。

　散歩に出かけた公園で小枝を拾い剣に見立てて遊んだり、葉っぱを拾ってままごとの道具に見立てて遊んだりする子どもの姿をよく見かける。また、タオルや新聞紙をマントに見立て、絵本やテレビのヒーローに変身したり、落ち葉や雪が舞う季節になれば、新聞紙や広告紙をちぎってそれらに見立てたりしながら表現遊びを楽しんでいる。

　保育内容の領域「表現」に、「いろいろな素材に親しみ、工夫して遊ぶ」と示されている。そこで、動きやイメージを引き出しやすい身近にある素材を活かしながら、身体表現遊びを展開する方法を紹介する。

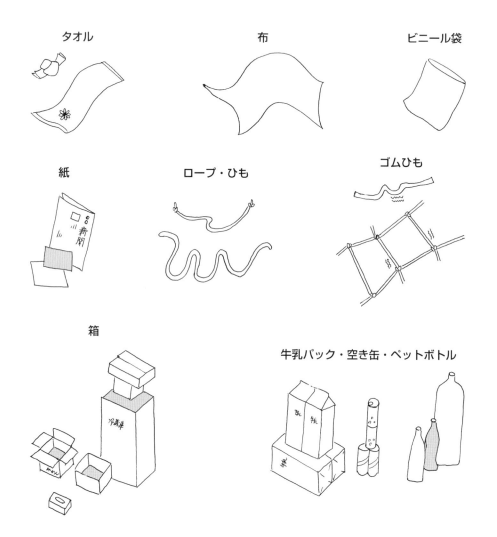

タオル　　布　　ビニール袋

紙　　ロープ・ひも　　ゴムひも

箱

牛乳パック・空き缶・ペットボトル

（1）　新聞紙を利用した身体表現遊び

●0〜1歳頃の遊び

・開いた新聞紙の上に立ったり座ったり、ポーズをとったりする
・新聞紙の中に隠れたり出たりしながら、「いないいないばあ」の表現遊びをする（p.84参照）
・新聞紙を持って振ったり、くしゃくしゃに丸めたり、ちぎったりする
・丸めた新聞紙をボールや玉に見立て、投げたり蹴ったりする
・筒にした新聞紙の中をのぞく
・棒状になった新聞紙を持って振り回す
・尻尾や耳などに見立てた新聞紙をつけて遊ぶ
・ちぎった新聞紙を投げ上げたり、その中に隠れたりする

●2〜3歳頃の遊び

・新聞紙の動きをまねる
・いろいろな人になりきって新聞を読むまねをする
・剣に見立てて遊ぶ
・魚釣りのさおに見立てて遊ぶ
・新聞紙を身につけて洋服に見立てて遊ぶ
・葉っぱや雪などに見立てて遊ぶ
・動物の尻尾や鼻、甲羅、羽などに見立てて動物になって遊ぶ
・「どうぶつごっこ」の表現遊びをする　　　　　　　（p.85参照）
・マントにしてヒーローになりきって遊ぶ
　（アンパンマン、スーパーマン etc.）
・「滑って遊ぼう」の表現遊びをする

●4〜6歳頃の遊び

・「忍者ごっこ」の表現遊びをする
　　　　　　　　　　　　（pp.86-87参照）
・「海の生き物になろう」の表現遊びをする
　　　　　　　　　　　　（p.88参照）
・「ファッションモデルになろう」の表現遊びをする
・「動物園に行こう」の表現遊びをする
・「魔法のじゅうたんにのって出かけよう」の表現遊びをする
・「アンパンマンの国で遊ぼう」の表現遊びをする
・「お洗濯をしよう」の表現遊びをする
・「春の虫になって出かけよう」の表現遊びをする
・「冬の季節で遊ぼう」の表現遊びをする
・「宅配便や新聞配達」などの表現遊びをする

●工夫から発展へ

・お話（絵本や創作ストーリー etc.）に合わせて展開していく
・室内遊びから屋外遊びへ環境を移し、自然環境等を利用してみる
・新聞紙を使わないで、イメージの世界をさらに深めていく
・新聞紙以外の素材などを増やし、イメージを膨らませていく

新聞紙を利用した身体表現遊び

こんなところに
おおきなたまご、
トントン

ガサガサ

ガオー

何が生まれる
かな？？？

0〜1歳頃の遊び　　いないいないばあ

(1) 新聞紙を利用した身体表現遊び

0〜1歳頃

2〜3歳頃

4〜6歳頃

日　時	11月10日（木）　10：00〜10：20	指導担当保育士	○○○○
人　数	男児6人　女児6人		
年　齢	1歳6か月〜2歳2か月	実習生	○○○○　㊞

子どもの姿	自分が好む玩具で、落ち着いて遊ぶ姿が見られると共に、保育者が新しい遊びを提供すると、目をキラキラさせながら保育者や仲間と一緒に楽しむ姿が見られる。 　「いないいないばあ」の絵本を用いて、何が出てくるかクイズのように当てたり、そのものに変身したりして遊ぶことも喜んでいる。
活動のテーマ	新聞紙を使って「いないいないばあ」で遊ぶ
活動のねらい	・保育者との応答を楽しみながら、ワクワクした気持ちや豊かな表情を表す。 ・新聞紙に触れながら、手先を思うように動かす。
活動の内容	・新聞紙を利用した「いないいないばあ」遊びをする。 ・新聞紙を利用したトンネル遊びをする。 ・新聞紙を破ったりちぎったりする。 ・新聞紙を投げたり、新聞紙の中に隠れたりする。 ・新聞紙を袋の中に片付ける。
準備物	新聞紙（1枚・長くつないだもの・ちぎったもの）大きなビニール袋

時間	環境構成とその配慮	予想される子どもの姿	保育者の援助と留意点
10：00	新聞紙1枚を持ち、子どもの前に立つ	○保育者と新聞紙を使い、「いないいないばあ」をする。	・抑揚をつけながら、「いないいないばあ」と語りかけ、楽しい雰囲気で繰り返す。 ・子どもの様子を見ながら、声の大きさや言葉かけのリズムを変化させる。
10：03	子どもが扱える大きさの新聞紙	○自分で新聞紙を持ち「いないいないばあ」をする。	・子どもの「ばあ」に合わせて、できるだけ大げさに反応する。
10：05	新聞紙のトンネル	○トンネルに見立てた新聞紙の中をくぐって「いないいないばあ」をする。	・保育者は新聞紙の両端を持ち、それぞれの子どもに合わせて高さを工夫する。少し慣れてきたら、破った新聞紙の穴に気づいてくぐるように言葉かけをする。
10：10		○走って新聞紙を破り「いないいないばあ」をする。	・保育者が広げた新聞紙を持ち、子どもたちの走ってくるタイミングに合わせて、破れるように援助をする。
10：15	子どもの扱いやすい大きさの新聞紙	○破れた新聞紙をさらに小さく破り、投げたり、その中に隠れたりする。	・破り方を提示し、うまくできない子どもには、手を持ち力の入れ方やちぎる方向など分かるように援助しながら、自らちぎる楽しさを知らせる。
10：19	使った新聞紙を入れる袋	○使った新聞紙を袋の中に入れる。	・この遊びがおしまいということを知らせ、片付けに誘う。

2～3歳頃の遊び どうぶつごっこ

期日　5月20日（金）	氏名　○○○○		
子どもの姿　いろいろな動物の出てくる絵本を楽しんだり、その動物の特徴をつかんで動物になって遊んだりする機会が多くあり、とても喜んで動いている姿が見られる。「動物園に行きましょう」の歌に合わせて簡単な振りをつけて動くことも楽しんでいる。	ひまわり組	3歳児	20名
	主な活動　いろいろな動物になって遊ぶ		
	ねらい・新聞紙を動物の尻尾や羽に見立てて、その動物のイメージを持つ。・イメージした動物になりきって動く楽しさを味わう。		

時間	環境構成	予想される子どもの活動	保育者の働きかけと配慮
10：00	動物カード	○「動物園に行きましょう」の歌を歌いながら動く。	・子どもの知っている動物を取り上げ、「動物園に行きましょう」の歌を歌うと共に、大きな動作で動きを提示する。・楽しい雰囲気を出しながら、動物の名前を言う。
10：03		○保育者の話を聞く。	・これから新聞紙を使って、動物になって遊ぶことを伝え、興味・関心を引き出す。
10：05	新聞紙1人1枚	○新聞紙をもらう。新聞紙を持って立つ。○新聞紙を動物の体の一部分に見立てて遊ぶ。・腕につけたり、頭上に持ち上げたりして走る。・鳥になる。・亀になる。・象になる。・猿になる。・ライオンになる。	・新聞紙をいろいろな形に変えながら、その動物の特徴が引き出せるように操作方法を提示する。・新聞紙を鳥の羽に見立てて飛んでいるような走り方ができるように援助する。・うまく操作できない子へは援助を行い、一緒に動くことを十分楽しめるようにする。・動物の鳴き声や動きの特徴をとらえた擬態語や擬声語などを取り入れ、リズミカルな動きを引き出す。
	ライオンのたてがみに見立てた新聞紙		
10：20	自由に使える新聞紙	○自分で見つけた動物になる。	・子どもが見つけた動物を発表してもらい、出てきたものを友達と共有して楽しめるように進める。
10：25		○保育者の前に集まり話を聞く。	・自分で見つけた動物になりきって動いた子を紹介し、次回の活動への意欲を引き出していく。
10：28	使った新聞紙を入れる袋	○新聞紙を保育者の所に持っていき袋に入れる。	・袋を準備し、使った新聞紙を集めることを伝え、順番に新聞を持ってくるように声かけをする。

4〜6歳頃の遊び　　忍者ごっこ

期日　2月15日（火）	氏名　○○○○		
子どもの姿 　新聞紙を利用して、イメージを持って様々なものを器用に作り上げたり、その作ったものを使って、仲間とイメージを共有して動いたりすることができるようになっている。 　また、子ども同士で協力して、遊びの幅を広げたり深めたりするような工夫が見られ、子どもたちの世界で長時間遊ぶことができている。	らいおん組	5歳児	30名
	主な活動 　新聞紙を創意工夫して使い、忍者になって遊ぶ		
	ねらい ・新聞紙を忍者の道具に見立てながら、忍者のイメージを膨らませる。 ・新聞紙をいろいろ操作しながら忍者になりきって動くことを楽しむ。		

時間	環境構成	予想される子どもの活動	保育者の働きかけと配慮
10：00	忍者カード 巻物	○保育者の前に集まり話を聞く。	・忍者屋敷から届いた巻物を見せ、これから行う活動に対してワクワクした気持ちになるように話をする。
10：03	忍者カード （修行の場面）	○忍者屋敷に行くために忍者の修行をする。	・忍者屋敷へ行こうと誘い、忍者の修行をすることを提案する。 ・忍者カードを使って、忍者のイメージを深める。
10：08		・足音を立てずに、歩いたり、素早く走ったりする術	・「抜き足、差し足、忍び足」「ササササ……」等のリズミカルな言葉かけを行うとともに、忍者らしい動きを提示する。
10：10		・素早く転がったり、跳んだりして、ピタッと止まる術	・「転がる」「跳ぶ」等の動きを連続したり、組み合わせたりしながら動き、その後、ピタッと止まることを楽しめるように進める。
10：15	新聞紙（1人1枚）	○新聞紙をもらう。	・一人一枚ずつ取りにくるように伝える。
10：17		・空飛ぶ術と隠れる術	・新聞紙を忍者が空を飛んだり隠れたりするマントに見立て、走ったり止まったりする動きを引き出す。 ・少し慣れてくると、隠れ蓑について説明し、隠れる術を提案する。 ・隠れる時の言葉かけのタイミングを工夫する。
10：20		・望遠鏡を作り、忍者屋敷を探検する術	・新聞紙で望遠鏡を作り、望遠鏡を覗きながら、その場の雰囲気が出るような言葉かけをする。 ・うまく筒状に丸めることができない子へは、援助をする。
		・泳いだり潜ったりする。	・泳いだり潜ったりする動きの中で、面白い動きを発見したら友達と見せ合う機会を作り、教え合って動きを楽しめるように援助する。

時間	環境構成	予想される子どもの活動	保育者の働きかけと配慮
10：25	新聞紙を多く用意する	○忍者になって様々な動きを見つけ挑戦する。 ・剣の術 ・手裏剣の術 ・爆弾の術 ・分身の術	・いろいろな新聞紙の操作方法を見つけ、それを活かしながら忍者になりきって動いている子を認め、さらに意欲的に取り組めるように言葉かけをする。 ・自分でグループに入れない子には、グループ作りの援助をする。 ・夢中で遊んでいて怪我をしないように見守る。 ・手裏剣をかわす動き方や、投げ方などの動きを提示し、より楽しんで忍者の修業ができるように援助する。 ・新聞紙を爆弾に見立てて遊べるように、新聞紙を丸めたり、千切ったりしてもよいことを伝える。 ・仲間と共に遊びが深まるように遊び方を提示し、素早く真似て動く面白さを引き出す。
10：35	雰囲気作りの音楽	○忍者屋敷に行く。	・いよいよ忍者屋敷の「にんたろう」に会いに行くことを伝え、忍者屋敷までの行程や場所について説明する。
10：40	新聞紙で作った人形「にんたろう」	○忍者屋敷の「にんたろう」に出会い、一緒に忍者になりきって遊ぶ。 ・いろいろな術を組み合わせて使ったり動いたりする。 ・新聞紙の操作を工夫し、思い思いの道具を作ったり、仲間と一緒にその道具を使ったりして動く。	・新聞紙で作った「にんたろう」を用意し、忍者屋敷での遊びに誘う。 ・忍者屋敷では、さらに意欲的に活動でき、満足感が味わえるように援助する。 ・自由に使える新聞紙を置いていることや、他の道具を工夫して作ってよいことを伝える。 ・道具を活かして動く様子を見守り、イメージしている空間を共有し、さらに動きやすいように言葉かけをする。
10：50		○忍者屋敷から帰る。	・「にんたろう」とまた遊ぶことを提案し、帰ることを伝える。
10：55		○使った新聞紙を片付ける。	・自分のかばんに道具をしまうように伝える。
10：58		○保育者の話を聞く。	・次回の活動について話す。

にんじゃやしきへの　しょうたいじょう

みなさんこんにちは。
わたしは、にんじゃやしきにすむ、にんたろうです。
ぜひ、みなさんをにんじゃやしきにしょうたいしたいのです。
にんじゃのしゅぎょうをしてきてください。
みなさんにあえることを、たのしみにまっています。

にんじゃやしきの
にんたろうより

(1) 新聞紙を利用した身体表現遊び

0〜1歳頃

2〜3歳頃

4〜6歳頃

4〜6歳頃の遊び　海の生き物になろう

期日　7月15日（水）	氏名　○○○○		
子どもの姿 海に住む生き物に関心があり、図鑑や写真、絵本などを見て、その生き物の特徴や生育について知識を増やしている。 先日の親子レクリエーションの時間に新聞紙を利用して遊んだことから、新聞紙を遊びの中に取り入れようとする姿が見られる。	らいおん組	4歳児	20名
	主な活動 いろいろな海の生き物になって遊ぶ		
	ねらい ・海のイメージを深めながら、海の生き物の特徴を知る。 ・イメージした海の生き物になりきって動くことを楽しむ。		

時間	環境構成	予想される子どもの活動	保育者の働きかけと配慮
10:00	海の絵や写真 波の音	○保育者の前に集まり話を聞く。	・海に行った体験や海の話などを通して、海のイメージを引き出す。
10:03	海に住む生き物のカード（図鑑）	○海に住む生き物について保育者の問いに応える。	・海にはどんな生き物が住んでいるか質問をし、海の図鑑などを用いて、その生き物の特徴などを知らせ、イメージが持てるようにする。
10:10	新聞紙1人1枚	○海に住む生き物になる。 ・魚（小さい魚、大きな魚、サメ、クジラ、エイ等） ・カニ、タコ、クラゲ ・ワカメ	・新聞紙を使って、海に住む生き物に変身し、思い思いに海の中を泳いでいこうと誘う。 ・新聞紙を身に付けて動く方法を知らせ、自分なりに創意工夫しながら動けるように援助する。 ・自分なりの表現を認める言葉かけをして、周りの友達にも知らせる。
		○潜水艦に乗って海の中を探検する。	・海の中を探検する潜水艦を作るように誘い、海の生き物と潜水艦に乗る人を交代して遊べるように提案する。
10:20	大量のクシャクシャにした新聞紙	○波に見立てた新聞紙を投げたり取ったりする。	・大量の新聞紙を海に見立て、大きな波を表す方法を知らせ、擬音語を用いて言葉かけをする。
		○波乗り（サーフィン）をする。 ・くぐったり潜ったりする。	・安全に遊べるように配慮する。 ・友達と協力して波の下をくぐったり、海の中に潜ったりできるように動きを提案する。
10:28	大きな袋2枚	○使った新聞紙を片付ける。	・後片付けをするように誘いかけ、きれいになったことを喜び合う。 ・次回の活動について話をして終わる。

（2） いろいろな箱を利用した身体表現遊び

●0〜1歳頃の遊び

- ・積み木のように並べたり、積み重ねたりして遊ぶ
- ・並べた箱の間を這ったり、歩いたりする
- ・身体に箱を載せて這う
- ・自分で箱を押したり、引っ張ったりする
- ・箱の中に入ったり、箱の上に乗って、保育者に押してもらったり、引っ張ってもらったりして遊ぶ
- ・箱を持ち上げる
- ・箱を投げたり、蹴ったりする
- ・大きな箱やダンボールの中をくぐったり、中に隠れたりして、トンネルや乗り物で遊ぶ
  （p.92参照）
- ・箱に入って転がる

●2〜3歳頃の遊び

- ・ダンボールを長くつなぎ、トンネルに見立てて遊ぶ
- ・ダンボールをキャタピラーに見立てて遊ぶ
- ・大きなダンボールを積み上げ家に見立てて遊ぶ
- ・箱を積み上げたり並べたりして、街（タワー、建物、道路、線路 etc.）を作り、いろいろなものになって遊ぶ
- ・箱を身体にはさんだり、身につけたり、履いたりして、ロボットなどになって遊ぶ
- ・ダンボールの中に入り、「お風呂」の表現遊びをする　　　　　　　（p.93参照）
- ・お祭りで「おみこし」の表現遊びをする
- ・屋外で大きなダンボール箱を使い、大型迷路を作って遊ぶ

●4〜6歳頃の遊び

- ・宅配便屋さんになって遊ぶ
- ・絵本「3匹のこぶた」「おおかみと7匹のこやぎ」「てぶくろ」etc.のストーリーで表現遊びをする
- ・「いろいろな物に見立てて遊ぼう」の表現遊びをする　（pp.94-95参照）
- ・「ロボットの国で遊ぼう」の表現遊びをする
- ・「オリンピック選手になろう」の表現遊びをする
- ・「海賊船で探検をしよう」の表現遊びをする

●工夫から発展へ

- ・お話（絵本や創作ストーリー etc.）に合わせて展開していく
- ・箱を使わないで、イメージの世界をさらに深めていく

開いたダンボールを利用した身体表現遊び（5歳児の遊び）

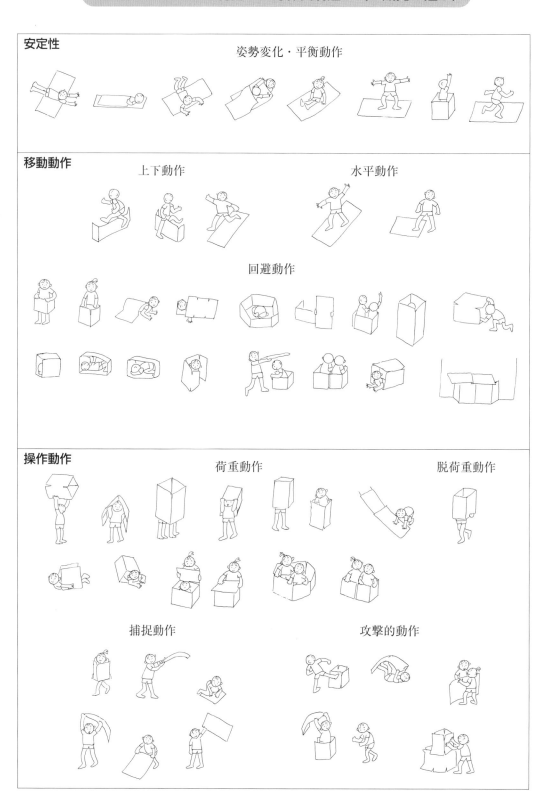

安定性

姿勢変化・平衡動作

移動動作

上下動作　　　　　　　水平動作

回避動作

操作動作

荷重動作　　　　　　　脱荷重動作

捕捉動作　　　　　　　攻撃的動作

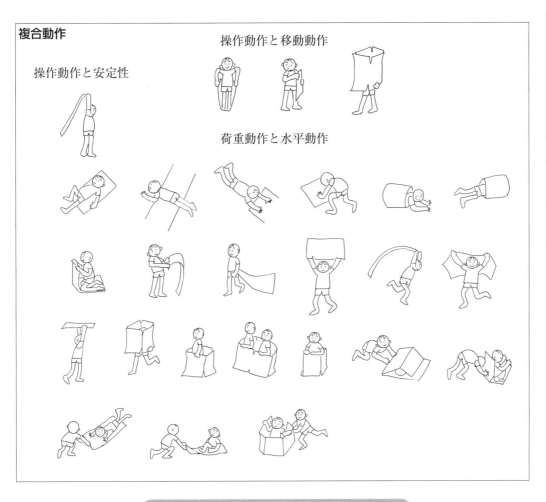

仲間とイメージを共有した身体表現遊び

（2）いろいろな箱を利用した身体表現遊び

0〜1歳頃

2〜3歳頃

4〜6歳頃

0〜1歳頃の遊び　トンネル遊び・乗り物ごっこ

日　時	2月20日（水）　10：00〜10：20	指導担当保育士	○○○○
人　数	男児3人　女児2人		
年　齢	0歳11か月〜1歳7か月	実習生	○○○○　㊞

子どもの姿	ダンボールの中への出入りに合わせて「いないいないばあ」等の言葉かけをすると、とても嬉しそうな表情を見せる。箱を持って歩いたり、押したり引っ張ったりする姿や、保育者が高く積んだ箱を崩して喜んでいる姿が見られる。保育者と一緒に、箱を持ち上げたり、身体に載せたりはめたりして遊びを繰り返している。
活動のテーマ	トンネルをくぐったり、乗り物に乗ったりして遊ぼう
活動のねらい	保育者と一緒に体を動かす楽しさを味わう。
活動の内容	・ダンボールを利用して大きなトンネルや長いトンネルをくぐる。 ・ダンボールをいろいろな乗り物（飛行機・車・電車）に見立てて遊ぶ。
準備物	大きなダンボール3個、大きさの違うダンボール3個、紐やロープ3本

時間	環境構成とその配慮	予想される子どもの姿	保育者の援助と留意点
10：00	大きなダンボール（1人に1個）	○大きなダンボール（トンネル）の中をくぐる。	・保育者はダンボールが倒れないように支え、子どもたちがくぐりやすいように言葉かけしながら援助する。 ・出口のところでは、「いないいないばあ」の要領で、「ばあ」等の言葉をかけ、出てくることができたことを一緒に喜ぶ。
10：07	ダンボールを組み合わせて長くする	○長いトンネルをくぐる。	・ダンボールを数個つないで長いトンネルを作り、子どもたちの遊びを誘導する。 ・怖がっている子には、無理にさせず、友達の遊ぶ様子に関心がいくように言葉かけをする。
10：15	ダンボール（手が自由に使えるように工夫したもの）	○乗り物にして遊ぶ。 ・飛行機になる。	・飛行機や車、電車などのいろいろな乗り物に合った箱を準備し、遊びに誘っていく。 ・それぞれの乗り物に合った擬態語や擬音語などの言葉かけをする。
10：20	大きさの違ったいろいろな箱 ロープや紐	・車になる。	・小さな箱や大きな箱をテープでとめて長くしたり、引っ張れるように紐などを付けたりして、思い思いの形で持って遊べるように援助する。
10：15	ガムテープ	・電車になる。	・子どもの遊ぶ姿を認め、一人一人の気持ちを大切にしながら関わり、必要に応じて援助をする。
10：20		○箱を保育者の所まで持っていく。	・保育者の所まで箱を持ってくるように言葉かけをし、遊びが終わることを伝える。

2～3歳頃の遊び　　　お風呂ごっこ

期日	1月20日（金）	氏名 ○○○○		

子どもの姿	もも組	2歳児	20名
・保育者との会話の中に、家庭のお風呂の様子が出てくる。 ・ままごと遊びの中に、お母さんやお父さんになりきってお風呂に子どもを入れている場面が出てくる。	**主な活動** 　ダンボールでお風呂を作って、お風呂ごっこをする		
	ねらい 　お風呂での生活体験を基に、保育者や仲間との会話を楽しみながらイメージを共有し、身体で表現することを楽しむ。		

時間	環境構成	予想される子どもの活動	保育者の働きかけと配慮
10：00	大きなダンボール（2人に1個） ♪「さあさお風呂が沸いたかな？おててを入れたらアチチノチ…さあさお風呂が沸いたかな？足を入れたらアチチノチ・・・」	○お風呂遊びをする。 ・お洋服を脱ぐ。 ○お風呂の周りを回りながら、保育者の動きを模倣する。	・大きなダンボールを用意し、そのダンボールをお風呂に見立てた遊びへ誘う。 ・歌にあわせて、大きな動作を提示し、楽しめるようにいろいろな身体部位の動きを引き出す。 ・「アチチ」の言葉かけを大げさに行い、その表現を引き出す。
10：05		○お風呂の中で遊ぼう。 ・お風呂の中に入る。	・お湯がいい湯加減になったことを伝え、友達とゆっくり入るように誘う。 ・日常生活で体験している水遊びなどと関連させ、イメージを引き出す。
10：10		・みんなで数を数える。	・毎日のお風呂での経験を生かし、上手に数を数えられるように誘導する。 ・いつもお母さんやお父さんと入っている様子がイメージできるように言葉かけをする。
10：13		・体を洗ったり、拭いたりする。	・身体部位の名称を言葉かけに入れながら、自分の体への関心を引き出す。 ・リズミカルな言葉かけで、リズミカルな動きを誘う。
10：15		以上を繰り返して遊ぶ。	・気に入った所を何度も繰り返して遊べるように援助する。
10：25		○お風呂から上がる。	・お風呂から上がった時の様子を思い出せるように言葉かけを行い、毎日お風呂に入ることの大切さを知らせる。
10：27		○パジャマを着る。	・いつもお風呂上がりに着ているパジャマを着る仕草を引き出し、遊びが終わることを伝える。

4〜6歳頃の遊び　いろいろな物に見立てて遊ぼう

期日　1月25日（水）		氏名　○○○○			
子どもの姿 　屋外では、活発に走り回ったり遊具を利用して自分なりに考えた動きに挑戦したりしている。 　ホールなど広い場所に大小様々なダンボールを準備すると、組み合わせて積み上げたり並べたりしながら囲いを作り、その中に入ったり出たりして遊んでいる。また、乗り物を作って、仲間と一緒に楽しそうに動いている姿が見られる。		ぞう組	5歳児		25名
		主な活動 　開いたダンボールを利用して遊ぼう			
		ねらい 　開いたダンボールを自分なりに創意工夫しながら扱い、いろいろな動きに挑戦する。 　仲間とともにダンボールをいろいろな物に見立てながらイメージを共有し、一緒に動く楽しさを味わう。			

時間	環境構成	予想される子どもの活動	保育者の働きかけと配慮
10：00	開いたダンボール（人数分）	○保育者の前に集まる。	・開いたダンボールを用意し、そのダンボールを部屋中に立てて置き、保育者の前に集まるように声をかける。
10：03		○立てたダンボールの間を当たらないように走り抜ける。	・立てたダンボールの間を、できるだけ素早く走り抜け、走り抜けたら、大きく回って元の場所に戻ることを伝え「よーいドン」の合図を出す。
10：05		○1人1個のダンボールを使って、思い思いに動かしたり、持って動いたりする。	・ダンボールは、1人に1個ずつあることを伝え、ダンボールを使って、どんな遊びができるか考えて、思い思いに動くように話をする。
		・床に敷いて上に立つ。 ・上に座る・寝る。 ・寝て、体の上にかける。 ・上に座って両端を持ち上げ揺れる。 ・上に座って脚で床を押して進む。	・子ども自らが見つけた動きや遊びを認め、その動きや遊びが継続できるように言葉かけをし、さらに子どもたちの意欲を引き出す。 ・床に置いて座ったり寝ころんだりしている時間が長い子どもには、ダンボールを持って動くことができる遊びを提示し、運動量が得られる遊びに誘う。
		・ダンボールを顔や体に巻きつける。	・ダンボールを顔や体に巻きつけることで、何かのイメージを持って動けていることもあるので、しっかり子どもの動きを観察し、それに応じた言葉かけをする。
		・ダンボールを持って歩く・走る。 ・ダンボールを頭上に持ち上げて歩く・走る。 ・ダンボールをマントのようにして歩く・走る。 ・ダンボールを床に置く・立てるなどして跳びこす。	・歩いたり走ったりするばかりで次の遊びに結びつかない子どもには、走った後にダンボールを上手く使って隠れるなどの遊び方を提示し、活動量の多いものと少ないものを組み合わせて遊べるように助言する。 ・何度も挑戦しながら成功を収めた時は、その動きを仲間にも紹介し、その子どもの自信につながるように援助する。

時間	環境構成	予想される子どもの活動	保育者の働きかけと配慮
		・ダンボールを持って振り下ろす・振り上げる。 ・ダンボールを振り回す。 ・立てたダンボールを倒す。 ・仲間と一緒にダンボールで囲いを作って遊ぶ。 　　　　　　　　　など	・様々な動きが予測されるので、怪我がないように見守り、危険な動作が見られる場合は、安全面に配慮して一度ストップをかける。 ・仲間と一緒にダンボールで囲いを作ってお家ごっこのような展開をしている子どもがいたら、落ち着いて遊べるように見守る。
10：30		○宇宙旅行に出かける。 ・5人組を作る。 ・ダンボールを組み合わせて大きな宇宙船を作る。	・宇宙船に乗って、みんなで宇宙旅行をすることを伝え、5人の仲間と協力して宇宙船を作るように誘う。
10：35		・宇宙に出発する。	・仲間と協力してできた宇宙船がどのように動くかイメージを膨らませ、子ども同士の関わりを大切にしながら進める。
10：38		・宇宙に到着し、無重力体験をする。 	・宇宙では体が軽くなることを伝え、擬音語や擬態語を用いて言葉かけをする。 ・宇宙に着いたら、宇宙船から降りて自由に動き回り、宇宙基地を作る場所を見つけるように伝える。
10：40		・宇宙基地を作る。	・宇宙船にしていたダンボールを運び、グループ毎に宇宙基地を作ることを提案し、お家ごっこで作っていた要領で、ダンボールを組み合わせて立てたり屋根を作ったりできるように援助する。
10：45		・宇宙基地を拠点として宇宙探検に出かける。 	・宇宙基地の出入りを楽しみながら、宇宙探検をするように提案し、5人で協力して宇宙探検を楽しめるように言葉かけをする。
10：47		・宇宙人になる。 	・宇宙基地に戻り、宇宙基地にしていたダンボールを上手く使って宇宙人になるように誘い、グループ毎の宇宙人のイメージを引き出し、動くことへつなげる。 ・宇宙人らしい動きを提示し、子どもたちが見つける動きのヒントになるようにする。
10：50		・他のグループの宇宙人と会話を楽しむ。（宇宙語で話す）	・一人一人の動きや宇宙語を認め、子どもたちへ積極的に宇宙語で話しかける。
10：55		・宇宙船に乗って地球に戻る。	・宇宙船を再び作るように伝え、宇宙船ができたら出発の合図を出し、しばらく走ったら地球に戻ったことを知らせる。 ・活動をまとめ、次回の活動に期待を持たせて終了する。

(3)　タオル・縄・ゴムひもを利用した身体表現遊び

●0〜1歳頃の遊び

【タオル・布】
- ギュッと抱きしめる（すきすきすき）
- 手に持って振る（イヤイヤイヤ）
- 保育者と一緒に手を持って引っ張りっこをする（うんとこしょ、どっこいしょ）
- いないいないバアをする（保育者の顔にかぶせたタオルを引っ張る・自分の顔にかぶせたタオルや布を引っ張る）
- タオルや布の上に座ったり、腹ばいになったりして保育者に引っ張ってもらう（乗り物ごっこ）「動物や乗り物になろう」　　　　　　　　　　　　　　　　　（p.98参照）
- ゆりかごユラユラ（2人の保育者の持った大きなタオルや布に横たわり揺らしてもらう）
- どんぐりころころ（大きなタオルや布に横たわり、保育者がタオルや布の端をゆっくり持ち上げ転がる）

●2〜3歳頃の遊び

【タオル・布】
- 保育者が操作するタオルや布の動きをまねる（ふわふわおばけ・にょろにょろへび）
- しっぽ・鼻・耳等に見立てて遊ぶ（ねこ・さる・ぞう・うさぎ・ぶたなど）
- いろいろなものに見立てて遊ぶ
- 鉢巻きにしてお祭りごっこで遊ぶ
- 頭上でグルグル回してヘリコプターに見立てて遊ぶ
- 身体の前で回して扇風機に見立てて遊ぶ
- 丸めてボールにして投げたり捕ったりする

【縄】
- 保育者の操作する縄の動きをまねる
- 回っている長縄の下を潜る
- 一本橋の上を渡る
- 「大型バスにのって出発！」　　　　（p.99参照）

【ゴムひも】
- ゴムひもを電車に見立てて遊ぶ
- 保育者と一緒に長いゴム縄を見立てて遊ぶ（メリーゴーランド、飛行機、ブランコなど）
- 複雑に張り巡らせたゴムひもで迷路を作って遊ぶ

●4〜6歳頃の遊び

【タオル・布】
- 雲の上を散歩しよう

【縄】
- いろいろな形ができたよ　まねてみよう
- 「何ができるかな？（自転車、竹馬、あやつり人形等になって遊ぶ）」
- 「地図をつくろう！冒険するよ」の表現遊びをする
- 大波くぐりで遊ぶ
- 「電車に乗ってでかけよう」の表現遊びをする
- レンジャー部隊に変身して遊ぶ
- ロッククライミングにチャレンジ
- 「大観覧車に乗ったよ！見えたものはなーに」の表現遊びをする
- 「大きな鍋でお料理をするよ」の表現遊びをする

【ゴムひも】
- 「遊園地で遊ぼう」の表現遊びをする　　　　（pp.100-101参照）

●工夫から発展へ

- お話（絵本や創作ストーリー etc.）に合わせて展開する
- 室内遊びから屋外遊びへ環境を移し、自然環境等を利用してみる
- タオル、縄、ゴムひもの遊びで得たイメージをもとに、次に素材を利用せず、イメージの世界を深め、身体を十分動かして遊ぶ

タオル・布・縄・ゴムひもを利用した身体表現遊び

ハチマキしめておみこしわっしょい

ウントコショまだまだかぶはぬけません

ワーたいへん　くものすだ

♪♪もーももやももや（わらべうたにあわせて）

たかーいおそらまでとんでいけ

はるかぜにのってちょうちょがとぶよ

さなぎになってはるはまだかなー

ブラックホールをたんけんだ

0～1歳頃の遊び　　動物や乗り物になろう

| 日　時 | 2月25日（木）　10：00～10：30 | 指導担当
保育士 | ○○○○ |
|---|---|---|---|
| 人　数 | 男児4人　女児4人 | | |
| 年　齢 | 0歳11か月～1歳11か月 | 実習生 | ○○○○　㊞ |

| 子どもの姿 | タオルが大好きで、振ったり引っ張ったりしながら1人遊びをしている。
タオルの上に座って引っ張ってもらうことを楽しんでいる。 |
|---|---|
| 活動の
テーマ | タオルを利用して動物や乗り物になって遊ぶ |
| 活動の
ねらい | 保育者と一緒に遊びながら、身体を動かす楽しさを味わう。 |
| 活動の内容 | ・タオルを利用して「いないいないばあ」で遊ぶ。
・尻尾にして動物になったり、マントにしてヒーローになったりして遊ぶ。
・タオルの上に乗って引っ張ってもらったり、上に寝転んでコロコロ転がったりする。 |
| 準備物 | タオル8枚、大きなタオル（バスタオル）4枚 |

時間	環境構成とその配慮	予想される子どもの姿	保育者の援助と留意点
10：00	タオル1人に1枚	○保育者とタオルを使い、「いないいないばあ」をする。
・頭にかぶったタオルを、保育者が引っ張る。
・保育者のかぶったタオルを引っ張る。	・まず保育者が頭にタオルを載せ、頭からタオルを外すと同時に「いないいないばあ」と言って顔を出し、遊びの様子を提示する。
・子どもの頭にタオルをかけて「いないいないばあ」と声をかけながら、タオルをとる。
・保育者がタオルを頭にかけ子どもが引っ張れるように援助する。
・保育者は顔をのぞく瞬間に、いろいろな表情や擬声語・擬音語を発しながら変身する。
10：05		○ズボンの後ろにぶら下げる。
・ねこ、さる、こぶた等	・ズボンやスカートにタオルをぶら下げて尻尾に見立て、いろいろな動物に変身できるように援助する。鳴き声や動きを提示しながら一緒に動く。
10：10		○背中にはおる。
・アンパンマン
・ヒーロー等	・アンパンマン等のイメージを引き出せるようにタオルを背中に羽織れるように援助し、なりきって動けるような言葉かけをする。
10：13	大きなタオル1枚	○タオルの上に乗って変身を楽しむ。
・タオルの上に寝る	・子どもが表現しやすいように、保育者を触れるような言葉かけをする。
・タオルを床に広げ、その上に寝転べるように援助する。
10：15		・飛行機	・子どもと目を合わせ、飛行機に乗っている雰囲気が出るような言葉かけをしながらゆっくりと引っ張る。
10：25		・ゆりかご	・2人の保育者がタオルの両端を持ち、「ユーラ　ユーラ」と言葉をかけながら揺する。
10：27		・どんぐりころころ	・タオルの一端を徐々に持ち上げ「コロコロどんぐりさん、コロコロコロ」とリズムをつけて子どもを転がす。
10：30		○タオルを片付ける。	・タオルを片付けて、終了することを伝える。

2〜3歳頃の遊び　　大型バスにのって出発！

期日　11月15日（金）	氏名　○○○○		
子どもの姿	ちゅうりっぷ組	3歳児	18名
・長い縄を友達と一緒に持って電車ごっこをしたり、縄の上をバランスをとりながら歩いたりして遊んでいる。 ・大型バスに乗って郊外への遠足を楽しんだ。その後「おおがたバス」の歌を何度も繰り返し歌っている。	主な活動 　短縄を利用し、乗り物やプール、つり橋等に見立てて遊ぶ		
	ねらい 　短縄をいろいろな物に見立て、イメージの中で動いて遊ぶ楽しさを味わう。		

時間	環境構成	予想される子どもの活動	保育者の働きかけと配慮
10：00		○保育者の前に集まり話を聞く。	・保育者の前に集まるように声をかける。
	遠足の写真	・遠足について応答する。	・遠足に行ったことを振り返りながら、面白かったことや楽しかったことを引き出す。
	ピアノ 「おおがたバス」の伴奏	・「おおがたバス」を歌う。	・「おおがたバス」の歌を歌い、窓から見えたものについて問いかける。
10：05		○大型バスで行ってみたい所を思い思いに発表する。	・遠足でもっと見たかったことや行きたかった所へ行くことを伝え表現遊びに誘う。
10：08	短縄（数本）	○短縄をいろいろなものに見立てて、友達と一緒に表現遊びを楽しむ。	・1人に1本の縄を持つように伝える。 ・2人で前後に並び、両側にロープを持つ。
10：10		・大型バスに乗る。	・保育者の言葉かけに合わせてバスが自由に動いてよいことを伝え、誘導する。
10：15		・プールに到着する。 ・流れるプール ・大波のプール ・スライダープール	・縄を大きく揺らしたり回したり操作しながら、くぐったり跳んだりする動きを引き出す。 ・縄の上に乗るように伝え、滑る動きを体験できるように援助する。
10：25	地図	・登山列車に乗る。	・今から登山列車に乗って山に冒険に行くことを伝え、地図を示しイメージを深める。 ・大型バスで動いた時と同じように、2人で前後に並び、両側に縄を持ち登山列車が出発することを伝え、動きを引き出す言葉かけをする。
10：30		・つり橋を渡る。	・つり橋を渡っている雰囲気が伝わるような言葉かけをしながら、ワクワクドキドキした気持ちを引き出す。
10：35		・山を下る。 ・転がる、走る、滑る　等	・それぞれの表現を認め、スピード感のある動きや繰り返して動く楽しさを味わえるようにする。
10：40		・園に戻る。	・園に着いたことを伝え、縄を集め、本日の活動が終了したことを伝える。

4〜6歳頃の遊び　　遊園地で遊ぼう

（3）
タオル・縄・ゴムひもを
利用した身体表現遊び

0〜1歳頃

2〜3歳頃

4〜6歳頃

期日　5月20日（水）		氏名　○○○○	
子どもの姿　　A君が行った遊園地のことが話題になり、遊園地のいろいろな乗り物に興味を示している。　友達と協力していろいろな乗り物ごっこをして遊ぶ様子が見られている。		すみれ組　　5歳児　　30名	
		主な活動　遊園地に出かけて、いろいろな乗り物を見つけて動こう	
		ねらい　ゴムひもを利用し、遊園地にある乗り物をイメージして創造性豊かに遊ぶ楽しさを味わう。	

時間	環境構成	予想される子どもの活動	保育者の働きかけと配慮
10：00	ゴムひも（数本）	○保育者の前に集まり話を聞く。・A君の楽しかったお話を聞く。	・A君が話してくれた遊園地の話を振り返りながら、面白そうなことや楽しそうなことをイメージできるように話を進める。
10：03		○ゴムひもの伸縮を確認する。	・ゴムひもを使って遊ぶことを知らせ、ゴムひもの特徴である伸縮の様子を提示し、子どもたちにもゴムひもを伸ばしてみたり、手を放してみたりして、安全に遊べるための方法を確認する。
10：05	遊園地カード	○イメージしたものを友達と話す。　パレードのバス　コーヒーカップ　ジェットコースター　メリーゴーランド　大観覧車　etc.	・ゴムひもをいろいろな乗り物に見立てて遊ぶことを伝え、表現遊びに誘う。・子どもの知っている遊園地の乗り物を、なるべく多く聞き出せるように質問したり応答したりする。・子どもたちから出てきた遊園地（乗り物）カードを示し、動きにつなげるイメージを深める。
10：10	ゴムひも	○ゴムひもをいろいろなものに見立てて、友達と一緒に表現遊びを楽しむ。	・ゴムひもを利用して、今出てきた乗り物を作ったり動いたりしながら、仲間と一緒に遊ぶことを伝える。
	ゴムひも（グループ数）	・5〜6人グループを作る。	・5〜6人で1本のゴムひもを持つように伝え、グループができたところからゴムひもを渡す。
10：13		・パレードのバスに乗って、遊園地を回る。	・ゴムひもをサイドに持ちながら、バスに乗っている雰囲気が出るような言葉かけをする。
10：15	空を飛んでいる感じが出る音楽	・魔法のじゅうたんに乗る。	・冒険心を掻き立てるように、ワクワクした口調で言葉かけをしたり、場面の雰囲気や変化を楽しめるように言葉かけを工夫したりする。・自由で楽しいイメージの世界で動けるように援助する。・伸びたり縮んだりするゴムひもの特徴を活かした使い方が工夫できることを知らせ、友達と協力して工夫した遊びを楽しめるように援助する。

時間	環境構成	予想される子どもの活動	保育者の働きかけと配慮
10：18	メリーゴーランドに合う音楽	・メリーゴーランドに乗る。	・保育者が中心でゴムひもを持ちあげ、子どもたちがゴムひもを引っ張りながら歩いたり走ったりできるように援助する。 ・メリーゴーランドをする時は雰囲気が出るように遊園地の音楽などを流したり、イメージに合った音楽を口ずさんだりしながら、メリーゴーランドに乗っている気分を味わえるように援助する。
10：22	ジェットコースターの効果音	・ジェットコースターに乗る。	・ゴムひもを変化させ、一人一人が乗れるようなジェットコースターを作るように誘う。 ・ジェットコースターが動き出して止まるまでの流れがある言葉かけをする。 ・ジェットコースターでは、スピードの変化を楽しめるように言葉かけをする。 ・スピードを上げすぎて、走って転ばないように配慮する。
10：26	遊園地に流れている音楽	・大観覧車に乗る。	・大観覧車に乗っている気分が味わえるように言葉かけをしながら、ゴムひもを持って大きな円を描いて進むように誘う。 ・大観覧車は高く上がっていく様子や、頂上から見えたものなどを問いかけ、イメージや動きを引き出して楽しめるようにする。
10：30		・迷路を作り、迷路の中を進む。	・友達と協力しながら、ゴムひもを持ち上げたり踏んだりして、トンネルをいっぱい作ることを提案する。 ・できたトンネルを迷路に見立て、ゴールまでいろいろな道を通ってくるように伝える。 ・ゴムひもで迷路を作る人と迷路を進む人に分かれて、交代して繰り返して遊べるように援助する。
10：38		・コーヒーカップに乗る。	・コーヒーカップは、動きの特徴である回ることを楽しみながら、目が回らないようにさかさまに回ることを知らせ、タイミングよく言葉かけをする。
10：42	ゴーカートの効果音	・ゴーカートに乗る。	・ゴーカートのスピード感を楽しみながら、仲間と競争したり一緒に乗ったりできるように進める。 ・ゴーカートの効果音をかけ、雰囲気作りをする。
10：47	空を飛んでいる感じが出る音楽	・魔法のじゅうたんに乗る。 ・園に戻る。	・遊園地から園に戻ることを伝え、遊園地に行く時と同様に、魔法のじゅうたんで帰ろうと誘う。
10：50	遊園地カード	○いろいろな乗り物を振り返りながら、次回の活動に期待感を持つ。	・いろいろな乗り物の工夫した動きを紹介し、お互いの活動を認め合いながら、次回の活動に期待感が持てるように話して終わる。

(3)
タオル・縄・ゴムひもを利用した身体表現遊び

0〜1歳頃

2〜3歳頃

4〜6歳頃

4　生活・体験から身体表現へ

　春の園庭では、「先生！ありの行列見つけたよ。どこまで行くのかな？」「うわーだんご虫ってクルンと丸まるんだね」など、秋の園庭では、「葉っぱの色が変わったね」「蝉がいなくなったね。どこに行ったのかな？」などの声が聞かれ、子どもたちは、いろいろなことを発見したり気づいたりしている。子どもたちは、一つ一つの発見や気づきを、保育者や友達と共感しながら、新しい刺激を五感を通して、からだ丸ごと受け止めている。動植物を育てたり観察をすることを通して、子どもたちは生命の大切さを知ることにつながる。

　また、毎日の生活の中で繰り返される食事、歯磨き、入浴などの体験は、子ども同士で共有したイメージを持ちやすく、ごっこ遊びや身体表現遊びの中でも、そのものになりきって再現をしている姿をよく見かける。日常生活での出来事に触れることや四季を通して自然の中で遊んだ体験は、イメージとして脳の中に記憶され、子どもたちの感性を育むのである。

　園で行われる、遠足、お祭り、運動会、餅つきなどの行事も、子どもたちにとっては、楽しい体験であり、その後、感動したことを伝え合いながらイメージを共有し、疑似体験することで、さらに大きな喜びを感じることができる。

　これらの実体験は、身体表現活動の土台となり、保育者は、子どもの興味関心をしっかり受け止め、それらを膨らませながら身体表現遊びへつなげていきたいものである。

　ここでは、日常生活や園行事での体験と四季を通した自然との触れ合いの中から、身体表現遊びへと発展する方法を紹介する。

春の生活・体験
　　あり　　だんご虫
つばめ　　青虫　　ちょうちょう
桜　　たんぽぽ　　チューリップ
　　遠足　　ピクニック

夏の生活・体験
　　　あさがお
水遊び　　おまつり　　盆踊り
しゃぼん玉　　カブト虫　　花火
　　キャンプ　　海

日常の生活・体験
　　　はみがき
着替え　　お風呂　　食事　　洗濯
砂遊び　　なわとび　　ブランコ
カレーライス

秋の生活・体験
　　　どんぐり
みかん狩り　　栗拾い　　七五三
運動会　　真っ赤な葉っぱ　　落ち葉
　虫の声　　山登り　　芋ほり

冬の生活・体験
　　雪　　ソリ遊び
たこあげ　　こま回し　　もちつき
　北風　　ペンギン　　冬眠
　　正月　　節分

（1）　日常生活・体験から身体表現遊びへ

●0〜1歳頃の遊び

- ・手洗い、顔洗い、はみがき、うがいなど保育者に介助されながら行う
- ・着替え、昼寝、食事、トイレ、沐浴、日光浴などを行う
- ・挨拶、ハイハイ、水浴びなどができる
- ・お正月、ひな祭り、クリスマスなどの行事に参加する
- ・「ふれあってあそぼう」で遊ぶ　　　　　　　　　　　　　（p.104参照）

●2〜3歳頃の遊び

- ・大型遊具で遊ぶ
- ・砂場で遊ぶ
- ・ボタンを一人ではめる
- ・ままごと遊びをする
- ・お買い物ごっこをする
- ・乗り物ごっこをする
- ・「おふろ遊び」の身体表現遊びをする
- ・「カレーライスをつくろう」の身体表現遊び
　をする　　　　　　　　　　（p.105参照）

●4〜6歳頃の遊び

- ・掃除をする（雑巾を絞る、掃く）
- ・片付けをする
- ・三輪車に乗る
- ・ぶらんこに乗って遊ぶ
- ・○○屋さんごっこをする
- ・「料理を作ろう」の身体表現遊びを
　する
- ・「雨の日」の身体表現遊びをする
- ・「せんたくしましょう」の身体表現
　遊びをする　　　　（pp.106-107参照）

●工夫から発展へ

- ・年間の生活を、生活発表会で発表する
- ・保育参観で、親子でできる遊びを実践する

0〜1歳頃の遊び　　ふれあってあそぼう

日　時	5月28日（火）10：00〜10：30	指導担当 保育士	○○○○
人　数	男児5人　女児6人	実習生	○○○○　㊞
年　齢	0歳6か月〜1歳3か月		

子どもの姿	保育者の手を握ったり、頬をくっつけたりすることが大好きで、スキンシップを楽しんでいる。抱っこされたり、ゆりかごのように揺らしてもらうと喜んでいる。
主な活動	ふれあってあそぼう
活動の ねらい	・保育者との触れ合いを楽しむ。 ・体を揺らしてもらうことを楽しむ。
活動の内容	・保育者が体を触ることで心地よい刺激を受ける。 ・「ぶらぶら」や「ゆらゆら」などの言葉に合わせながら体が揺れることを楽しむ。 ・「高い高い」の言葉を楽しんだり、抱きかかえられる感覚を楽しむ。
準備物	特になし

時間	環境構成とその配慮	予想される子どもの姿	保育者の援助と留意点
10：00	保育者と向き合って座る。 座る安全な場所を確認しておく。	○ふれあい遊びをする。 ・「きゅうりの塩もみ」 ・「一本橋」	・腕や体を触りながらスキンシップをする。 ・子どもの様子を見ながら、気持ちよさが感じられるように声かけをしながら触っていく。
10：06		○手足をぶらぶらする。 ・両手や両足が揺れる。	・ぶらぶらする感覚が楽しめるように、両手を握り左右に小さく揺らす。 ・「ぶらぶら」の言葉を真似しやすいように声を出しながら揺らす。 ・両手や両足を揺らす時には、気持ちよさそうにしているか、嫌がってないかなど様子をうかがいながら加減をしていく。
10：09	揺らしたり抱きかかえたりする時に、隣とぶつからないように配慮する。	○「高い高い」を楽しむ。	・安全面に気をつけながら、ゆっくりと持ち上げる。 ・安心感が持てるように、目を合わせながら名前を呼んだり、声かけをする。
10：12		○揺れることを楽しむ。 ・抱っこ・横向き・向かい合わせ・大きく揺れる等	・体の向きを変えたり、揺らす工夫をする。 ・速さにも気をつけ、不安にならないように揺らしていく。
10：15		○保育者と座る。	・落ち着けるように静かに座る。

2〜3歳頃の遊び　カレーライスをつくろう

期日　10月25日（金）	氏名　○○○○		
子どもの姿 「カレーライス」の歌を歌いながら手遊びを楽しんでいる姿が見られる。カレーライスが大好きという子どもが多く、給食に出ると「ジャガイモ、ニンジン」などと言いながら嬉しそうに食べている。	じゃがいも組	3歳児	20名
	主な活動 　カレーライス作りのごっこ遊びを楽しむ		
	ねらい ・カレーライスのイメージを膨らませ、なりきって遊ぶ。 ・友達と遊ぶことを楽しむ。		

時間	環境構成	予想される子どもの活動	保育者の働きかけと配慮
10：00		○保育者の前に集まり話を聞く。	・保育者の前に集め、「カレーライス」に興味がわくように話をする。
10：05		○手遊びをする。 ・「カレーライスのうた」	・手遊びがやりやすいようにゆっくりと歌う。 ・手遊びをほめながら、楽しい雰囲気で手遊びを楽しむ。
10：10	カレーライスのエプロンシアターを準備する。	○エプロンシアターを見る。 （カレーライス） ・手順を知る。	・「カレーライス」についてさらに興味がわくようにエプロンシアターで、材料や料理の手順を伝える。
10：25		○カレーの材料になって遊ぶ。 ・人参・じゃがいも・たまねぎ・豚肉・トマト・カレールー ・洗う・切る・鍋に入れる・混ぜる。	・カレーの材料になって遊べるよう言葉かけをする。 ・材料の真似をしたり、友達と体の洗い合いっこが楽しめるような言葉かけを工夫する。 ・切ったり混ぜたりする場面にワクワク感が持てるような言葉かけをしていく。 ・転がったり丸まったりした時に、友達とぶつからないように配慮する。 ・楽しみながら活動できるように、リズミカルな口調で言葉かけができるよう工夫する。 ・友達の動きの真似をしたり、いろいろな動きが楽しめるような言葉かけをする。 ・子どもたちの動きをほめながら、イメージの世界で遊ぶ様子を見守っていく。
10：30	みんなで輪になり座る。	○みんなカレーライスを食べる。 ○保育者の前に集まって話を聞く。	・でき上がったものを楽しんで食べるような言葉かけを工夫する。 ・作って遊べたことに満足感が味わえるように、ほめたり認めたりしながら活動を振り返る。

4～6歳頃の遊び　せんたくしましょう

期日　7月10日（水）	氏名　○○○○		
子どもの姿 　掃除をしている保育者を見て、箒ではいたり、雑巾を絞って拭く等手伝いをする姿が見られる。干してある洗濯物を触ったり、乾いた洗濯物に顔を近づけ触ったりしている。着替えた洋服やパジャマを上手にたためるようになっている。	きりん組	5歳児	25名
	主な活動 　洗濯物に変身して遊ぶ		
	ねらい ・洗濯物に興味を持ち、言葉遊びから体を動かす楽しさを味わう。 ・友達と洗濯物のイメージを共有し、なりきって遊ぶ楽しさを味わう。		

時間	環境構成	予想される子どもの活動	保育者の働きかけと配慮
10：00	汚れたハンカチを準備しておく。 活動する場所は、安全に動け、広さを確保しておく。	○保育者の前に集まり話を聞く。 ・ポケットから出されたハンカチを見る。 ・問いに答える。	・汚れたハンカチをポケットから取り出し、子どもに見せながら、どうしたらよいかを問いかけながら洗濯に対する興味や関心を引き出す。 ・子どもの声を受け止め遊びに誘う。
10：05		○ハンカチになって遊ぶ。	・子どもと一緒にハンカチになって体で表現する遊びに誘う。 ・保育者が洗う役になり、洗う場面のイメージがわくように言葉かけをする。
10：10		○2人組になる。 ・ハンカチと洗う役を決める。 ・洗う・石鹸をつける・泡がたつ。	・2人で洗濯遊びができるようにハンカチ役と洗う役を決める。 ・リズミカルな言葉で動きを誘う。（例：ゴシゴシゴシ・キュッキュッ・ブクブクブク） ・触ったり触られたりすることで、友達同士で遊ぶ楽しみを味わう。
		・回る。 ・ひっくり返る。 ・すすぐ。 ・絞る。	・イメージが膨らむようにオノマトペを用いる。（例：ジャブジャブ、くるーんくるーん、ゆらゆら） ・遊んでいる姿を認めたり、ほめたりしながら子どもの意欲を高めていく。
		○交代して遊ぶ。	・ハンカチと洗う役を交代し、遊びたいという気持ちに応じ繰り返し遊ぶ。

時間	環境構成	予想される子どもの活動	保育者の働きかけと配慮
		○乾かす。 ・両手を広げ走る。	・ハンカチが乾くように、両手を広げて走ったり、友達と一緒に走ったりすることを誘いかける。
		○片付ける。 ・アイロンをかける。 ・タンスに入る。	・子どもたちはハンカチになり、アイロンがけからたたんでタンスに入る場面など言葉かけしながら動きに誘う。
10：20	洗濯機の中の様子を書いた絵カード	○保育者の前に集まりカードを見る。 ・4〜5人組になる。	・洗濯機について分かりやすいように絵カードを準備する。 ・子ども4〜5人で座るように伝え、洗濯機のイメージがわくように言葉かけをする。
		○水が入る。 ・水に浮かぶ。 ・重なる。 ・くっつく。	・水が入る様子を伝える。 ・オノマトペを適宜用いてイメージを深め、動きを引き出しやすくする。 ・一人一人のイメージの洗濯物が、重なったりくっついたりできるよう言葉かけをする。
	洗濯機が回ったり風が吹いたりするようなスピード感があるBGMを準備する。	○洗う。 ・回る。 ・ひっくり返る。 ・友達とくっついて回る。 ・すすぐ。 ・絞る。 ・ねじる。	・洗濯機のスピードの変化や洗濯物の状態など、それぞれの特徴ある言葉かけをしながら保育者も一緒に動き、動きを引き出す。 ・子どもの動きを認め、意欲がわくような言葉かけをする。
		○干す。 ・体をぴんと伸ばす。 ・両腕を広げて走る。 ・友達と手をつないで広がる。	・干すイメージが膨らみ動きが楽しくなるような言葉をかける。 （例：風が吹いてきた、飛ばされた、カラスに追いかけられた、パリパリに乾いた）
10：35		○仕上げる。 ・アイロンをかける。 ・たたむ。 ・タンスの中に入る。	・仕上げにアイロンをかけたり、たたんだりのイメージが膨らむような言葉かけをする。 ・タンスに見立てたコーナーに行くことを伝える。
10：40		○遊びを振り返る。	・遊んだ満足感を味わえるような言葉かけをする。

（2）　春の生活・体験から身体表現遊びへ

●0〜1歳頃の遊び

・春に関する絵本や紙芝居を見たりお話を聞いたりする
・公園、広場、神社などの散歩に行くことを楽しむ
・花壇に咲いている花や葉っぱを見る、触る、臭いを嗅ぐなど五感を刺激する
　（チューリップ、パンジー、スノーボール、桜草 etc.）
・桜の木の下で遊んで楽しむ
・芝生の上で遊んで楽しむ
・雑草を触ったり、摘んだりして楽しむ
・虫を見る、触る、捕まえて楽しむ（アリ、ダンゴムシ、チョウチョウ etc.）
・こいのぼりを見たり、歌を歌ったりして楽しむ
・アリやダンゴムシになって遊ぶ
・「み〜つけた！！」の身体表現遊びをする　　　　　　　　　　　　（p.109参照）

●2〜3歳頃の遊び

・花を部屋に飾り、花になって遊ぶ
・タンポポの綿毛になって飛んで遊ぶ
・遠足ごっこをする
・ツバメになって遊ぶ
・春になると動き出す動物になって遊ぶ
　（チョウチョウ、カエル、ヘビ etc.）
・「ツバメの親子」の身体表現遊びをする
　　　　　　　　　　　　　　（p.110参照）
・「はらぺこあおむし」の身体表現遊びをする
　　　　　　　　　　　　　　（p.111参照）

●4〜6歳頃の遊び

・花の成長をもとに表現遊びをする
・こいのぼりになって遊ぶ
・春に関する絵本のストーリーで遊ぶ
・お花畑の花や虫になって遊ぶ
・春に関する絵本に登場する人や動物
　になって遊ぶ
・「楽しいピクニック」の身体表現遊び
　をする　　　　　　　（pp.112-113参照）

●工夫から発展へ

・お話（絵本や創作ストーリーなど）に合わせて展開していく
・虫の様子などのお話をお誕生会で演じる
・観察をした花や虫などをもとに絵本を作る
・保育参観に親子でできる遊びを実践する

0〜1歳頃の遊び　　み〜つけた！！

日　時	5月15日（　）　10：00〜10：20	指導担当 保育士	○○○○
人　数	男児2人　女児3人		
年　齢	8か月〜1歳2か月	実習生	○○○○　㊞

子どもの姿	・「はいはい」ができるようになって、興味がある物のところへ行っている。園庭で虫が動く様子をじっと見ていたり、虫を指で指し、保育者に知らせたり、虫を追いかけたりして遊んでいる。
活動の テーマ	動く虫を見つける
活動の ねらい	虫になって動くことを楽しむ。
活動の内容	アリやダンゴムシになって、這ったりごろごろ転がったりして遊ぶ。
準備物	マット、虫（アリ・ダンゴムシ）のペープサート、草むらの家

時間	環境構成とその配慮	予想される子どもの姿	保育者の援助と留意点
10：00		○保育者の前に座る。	・庭にいたアリやダンゴムシの話をする。
	ペープサート	○アリやダンゴムシのペープサートを見る。	・アリやダンゴムシのペープサートを見せながら、オノマトペを使って動きを表現する。
10：07	ペープサート・草むら・マット	○草むらに隠れたアリやダンゴムシを見つける。	・子どもたちがアリやダンゴムシを見つけるように草むらからアリやダンゴムシのペープサートをチラチラと見せる。
		○アリになって歌を歌いながら這う。	・「おつかいありさん」や「ありさんのお話」の歌を歌いながら楽しく這う。
10：10	マットの坂道	○坂道を登る。	・マットで作った山に登るように誘う。
		○ダンゴムシになって丸くなったり、ひっくり返る。	・ダンゴムシのように丸くなるように動きを提示する。 ・転がったりひっくり返る時に、オノマトペを使って言葉かけをする。
		○坂道を転がりながら下る。	・転がる時には安全面を配慮する。
		○トンネルをくぐる。	・保育者の身体で作ったトンネルをくぐる。
10：20	草むらの家	○草むらの家に帰る。	・草むらで作った家に帰ろうと誘う。 ・上手に帰ってこられたことをみんなで喜ぶ。

2〜3歳頃の遊び　　ツバメの親子

期日　5月10日	氏名　○○○○		
子どもの姿 ・ツバメが壁に巣を作り始めているのを見て不思議そうに見ている。 ・ヒナが生まれ、口ばしが見えたり、餌を運ぶツバメの様子に興味を示している。 ・以前に新聞紙で作った棒状のものを再利用する。	もも組	3歳児	20名
	主な活動 　ツバメの生態を親子を通して表現する		
	ねらい 　巣を作るところや卵から親ツバメになって飛ぶ過程を楽しむ。		

時間	環境構成	予想される子どもの活動	保育者の働きかけと配慮
10:00	走り回れる広いフロア ・ダンボールの枠 ・棒状の新聞紙 ・ダンボールの切れ端	○保育者の前に座って話を聞く。	・子どもたちが巣を作っているツバメの様子を思い出すように言葉かけをする。
		○ツバメになって、巣を作る。（丸めた新聞紙やダンボールの切れ端を集めてくる）	・どんな形の巣を作るのか、言葉かけをしながら巣を作る。
10:10		○ツバメの卵になる。 ○卵になって温められる。 ○"まあるいたまご"の手遊びをする。	・親ツバメが卵を抱いて温められるとヒナになることを伝える。 ・卵が割れて赤ちゃんが生まれるところを強調しながら "まあるいたまご" の手遊びを歌いながら一緒にする。
		○生まれたばかりのヒナになり「ピーピー」と鳴く。	・ヒナは、大きくなるために、エサをたくさん食べることを伝える。
		○親ツバメから餌をもらう。	・保育者が親ツバメになり、子どもたちにエサを採ってきては渡す行動を繰り返すように伝える。どの子にもエサが渡るように配慮する。 ・ツバメはミミズや虫を食べて大きくなることを伝える。
10:20		○親ツバメになってエサを運んだり、子ツバメになってエサを食べたりする。	・エサ探しやツバメになって遊ぶ楽しさを味わい、役割を交代することで探したり、運んだりすることを楽しめるように工夫する。 ・子ども一人一人の動きを認め、共感する。
10:25		○巣から飛び立つ練習をする。（羽を動かす・巣から飛び降りる・近くの木に止まる・みんなで飛ぶなど） ○様々な場所を飛ぶ。（森の中・樹の間）	・様々な飛び方を楽しめるよう言葉かけをする。 ・みんなで空を飛び、一緒に行動することの楽しさを伝える。 ・イメージをもって飛ぶことが楽しめるよう声かけする。
10:30		○ツバメになって南の島へ飛んでいく。 ○世界中をまわり、春になって園に戻る。	・ツバメになって南の島へ飛んでいくことを伝える。 ・渡り鳥の話をして終わる。

2〜3歳頃の遊び　　はらぺこあおむし

期日　4月25日	氏名　○○○○		
子どもの姿	さくら組	3歳児	20名
・葉っぱの裏についている卵を見つけ、知らせに来る。	主な活動		
	絵本の『はらぺこあおむし』になって遊ぼう		
・卵から青虫が生まれてくることを楽しみに待っている。	ねらい		
・絵本『はらぺこあおむし』の読み聞かせをしてもらい、青虫の成長について興味・関心を持っている。	絵本に出てくるはらぺこあおむしをイメージし、様々な場面で友達と一緒に動くことを楽しむ。		

時間	環境構成	予想される子どもの活動	保育者の働きかけと配慮
10：00	絵本『はらぺこあおむし』	○保育者の前に座って話を聞き、質問に答える。	・絵本『はらぺこあおむし』の青虫について話をし、卵から生まれた青虫の成長過程について質問する。
10：02		○卵になる。	・青虫の卵が、葉っぱの上や裏側にくっついている様を知らせ、みんなも卵になろうと誘う。 ・卵が少しずつ大きくなっていく様子を言葉かけし、動きを引き出す。
10：04		○青虫になる。	・青虫が生まれたことを伝え、散歩に行こうと提案する。 ・葉っぱの上をしっかり這いながら進むことができるように言葉かけをする。
10：06		○食べ物を探しに行く。	・青虫が食べ物を探しに散歩をする様子を言葉かけし、坂を登ったり下ったり、橋を渡ったりするなどの場面を作って楽しめるように進める。
10：08	食べ物カード	○いろいろな食べ物を食べる。	・絵本に出てくる食べ物の形を、各自で表現できるように言葉かけする。 ・実習生がそれぞれの食べ物を食べる動きを提示し、子どもたちが交代して食べることができるようにする。
10：12		○葉っぱを食べる。	・お腹が痛くなってきたことを伝え、美味しい葉っぱを食べることを提案し、葉っぱがいっぱいある所について問いかける。 ・子どもたちから出てきた所へ行こうと誘う。 ・美味しい葉っぱをいっぱい食べたことを確認し、さなぎになる準備をする。
10：17		○さなぎになる。	・しばらくじっと動かない様子を言葉かけし、ちょうちょうが生まれてくることへつなぐ。
10：18		○ちょうちょうになって遊ぶ。	・ちょうちょうになって、一人で飛んだり、友達と一緒に飛んだり、花々の周りを飛んだりしている様子を言葉かけし、動きを引き出す。
10：20		○保育者の前に集まり、話を聞く。	・保育者が花になり、保育者の所まで飛んでくるように言葉かけし、全員が集まったら、その場に座るように伝え、話をする。

4～6歳頃の遊び　楽しいピクニック

(2) 春の生活・体験から 身体表現遊びへ

0～1歳頃

2～3歳頃

4～6歳頃

期日　5月20日	氏名　○○○○		
子どもの姿 ・園の行事で保護者と一緒に、歩いて春の遠足に出かけた。 ・遠足の後も遊んだことを保護者に話したり、友達同士で話をしたりしている。	さくら組	5歳児	20名
	主な活動 　楽しいピクニックに出かけよう		
	ねらい 　縄を使ってピクニックをイメージしながらその対応を楽しむ。		

時間	環境構成	予想される子どもの活動	保育者の働きかけと配慮
10：00	・走り回れる広いフロア ・絵本『みんなでピクニック』	○保育者の前に集まり話を聞く。 ○絵本を読んでもらう。 ○行きたいところを口々に発言する。	・遠足に行ったことを振り返りながら、これからの遊びを楽しむことができるように言葉かけをする。 ・行きたいところを発言する子どもたちの意見に耳を傾けながら、みんなで決める雰囲気をつくる。
10：10		○リュックに必要な物を詰める。 ○ピクニックに出かける。	・リュックの存在を伝え、中に入れるものを考えながら、子どもがワクワクするような言葉かけをする。 ・子どもが好きな歌を歌いながら歩くことで楽しい雰囲気をつくる。 ・グニャグニャ道やデコボコ道をイメージしながら歩き方を楽しむ。
10：15	水たまりに見立てた縄	○水たまりを跳び越える。	・いろいろな形の水たまりをイメージし、水たまりを跳び越すことを楽しめるように言葉かけをする。 ・跳び方を工夫して跳んでいる子どもをほめ、他の子に紹介する。
10：20	一本橋に見立てた縄	○一本橋を渡る。 （工夫した渡り方をみつける・繰り返して渡る・友達と一緒に渡る） ○野原に到着し、遊ぶ。	・一本橋のイメージや渡ることに興味がわくように言葉かけをする。 （様々な渡り方や友達と一緒に渡ることなど） ・ほめたり認めたりしながら、渡る楽しみを味わえるようにする。 ・一本橋を渡ると次に何があるのか、歩きながら期待をさせる言葉かけをする。 ・お天気が良く、気持ち良い野原での遊びを提案する。（寝転がって遊ぶ・そり）

時間	環境構成	予想される子どもの活動	保育者の働きかけと配慮
10：30	縄	○コロコロ転がって遊ぶ。	・ぶつからないように配慮する。
		○そりで遊ぶ。	・様々なそりの乗り方について、問いかける。
		・2人組になり1人が交代で縄を引っ張る。	・子どもたちから出てきたそりの乗り方を実際にやってみようと誘う。
		・1人が座って滑る。	・交代しながら遊ぶように声をかける。
		・1人が手で持って滑る。	・かっこ良く滑っている子ども、変わった滑り方をしている子どもを紹介する。
		・立って滑る。 ・転ばないようにバランスを取ることを楽しむ。	・危ない遊び方をしていないか安全面に留意する。
10：40	縄	○野原でしたい遊びを発言する。	・野原で他にどんな遊びができるか質問する。
		（例） ・「電車ごっこ」をする。	・子どもたちから出てきた野原での遊びを実際にやってみる。
		・「輪投げ」をする。	・時間を見ながら、最後はみんなで遊ぶものを取り入れて終わる。
		・「ヘリコプター」で遊ぶ。	・子どもたちの意見も取り入れながら遊びを決める。
		・「しっぽとり」をする。	・しっぽとりを行う場合は、しっぽをとられた子も意欲的に参加できるように十分な縄を準備していることを伝え、受け取りにきて、再度参加するように誘う。
		・みんなで「大縄跳び」をする。	・子どもの動きに合わせて、タイミングよく縄を回して援助する。 ・縄を跳べるようになったら、子どもと一緒に数を数えるように声かけをする。
10：50		○園に帰る。	・みんなで活動したことを振り返りながら、楽しかったことを共有する。
		○保育者の話を聞く。	・園に帰ってきたことを伝え、また、みんなで楽しいことをしようと話し、次回の活動に期待を持たせて終わる。

（3）　夏の生活・体験から身体表現遊びへ

●0～1歳頃の遊び

・夏に関する絵本や紙芝居を見たりお話を聞いたりする
・水遊びをする（水をかける・だっこされたり、おんぶされたりして水の中を歩く　など）
・うちわの風や扇風機の風を感じる
・風鈴の音を聞く
・氷を触る、なめる
・海へ行く（砂遊び、貝殻を触る、海水につかる、浜辺にいる生き物を見る　など）
・ボディペインティングをして遊ぶ
・セミを見たり、鳴き声を聞く
・「魚になって遊ぼう」の身体表現遊びをする　　　　　　　　　　　　　（p.115参照）

●2～3歳頃の遊び

・水遊びをする
　（泥んこ遊び、ヨーヨー遊び、金魚つり、
　ホースを持って水かけをして遊ぶ　など）
・夏の空を見る
　（雲・入道雲、夕立、雷、虹　など）
・夏祭りに行く
・動植物の世話をする
・夏に関する絵本に登場する人や動物、虫に
　なって遊ぶ
・「アイスクリームになろう」の身体表現遊び
　をする　　　　　　　　　　（p.116参照）
・「しゃぼん玉遊び」の身体表現遊びをする
　　　　　　　　　　　　　　　（p.117参照）

●4～6歳頃の遊び

・浮き輪を使って水に入る
・虫を捕りに行く
　（カブトムシ、セミ、トンボ　など）
・海水浴に行く
・雨の日の観察をする
・七夕の世界で表現遊びをする
・海で見た生き物になって遊ぶ
・「お祭りに行こう」の身体表現遊び
　をする　　　　　　（pp.118-119参照）

●工夫から発展へ

・お話（絵本や創作ストーリーなど）に合わせて展開していく
・海や山で見つけたものでオブジェをつくる。つくったオブジェを体で表現する
・保育参観で、親子遊びができる遊びを実践する

0〜1歳頃の遊び 　魚になって遊ぼう

日　時	8月2日（金）　10：00〜10：20	指導担当保育士	○○○○
人　数	男児5人　女児7人		
年　齢	1歳6か月〜2歳3か月	実習生	○○○○　㊞

子どもの姿	・水槽の前で金魚が泳ぐ様子に見入っている。 ・ビニールプールに入り、魚のおもちゃで遊んでいる。
活動のテーマ	魚になって遊ぼう
活動のねらい	・いろいろな海や川の生き物になって手足を動かす。 ・様々な体の動きを体験し、保育者との応答を楽しむ。
活動の内容	・ペープサートから魚のイメージを深める。 ・魚になって泳ぐ。 ・いろいろな生き物の動きで遊ぶ。
準備物	海や川の生き物のペープサート、青色のビニールシート、ダンボール箱3〜4個 （保育室の一角に青色のビニールシートを敷き、所々にダンボールの箱を置く。）

時間	環境構成とその配慮	予想される子どもの姿	保育者の援助と留意点
10：00	・海や川の生き物のペープサートを持ち、子どもの前に座る。	○金魚の話を聴く。 ・保育者の話を聴く。 ・ペープサートの絵を見て反応する。	・園の水槽の金魚が泳ぐ様子を思い出すよう問いかけながらペープサートを動かす。 ・金魚のイメージを持ちやすいように、オノマトペを使って言葉をかける。 ・子どもの反応を見ながら、声のトーンやリズムを変えながらゆっくり話す。
10：03	・池：ビニールシート ・岩：ダンボール箱	○金魚になって動く。 ・金魚になって泳ぐ。 ・歩いたり、走ったりして動き回る。 ・保育者の真似をして、手を動かす。 ・腹ばいになる。	・池（ビニールシート）の場所に行き、金魚になって泳ぐよう誘う。 ・岩（ダンボール箱）をよけながら、場所を広く使って動くように言葉をかける。 ・擬態語を使いながら、手をヒレに見立てて泳ぐ真似をし、一緒に動くように誘う。 ・腹ばいになった子どもの両手を握り、声をかけながらゆっくり引く。
10：08	・岩：ダンボール箱	○岩の陰に隠れる。 ・保育者の周りに集まる。 ・目を閉じ眠る真似をする。 ・目を覚ます ・みんな目を覚ましたか周りを見る。	・ダンボール箱の近くに子どもを誘い、一休みするように言葉をかけ、眠る真似をする。 ・目を覚ますように声をかけ、みんなが目覚めたか確認する。
10：13	・岩：ダンボール箱 ・カニのペープサート	○カニになって動く。 ・カニのペープサートに気づき、指を指す。 ・保育者の真似をして動く。	・岩（ダンボール箱）の陰からカニのペープサートを出し、何が出ていたか子どもに問いかける。 ・カニの真似（横歩き）をして、動きに誘う。
10：15	・様々な生き物のペープサートを岩から登場させる。（タコ、イルカ、クジラ、クラゲ、サメ、ウミヘビ等）	○いろいろな生き物になって動く。 ・いろいろな動きを楽しむ。 ・保育者と同じ動きをして、様々な動きをする。 ・走ったり、歩いたり、這ったり、手や足を自由に動かしたりして、全身を使って動く。	・一人一人の子どもの動きを認める。 ・子どもと一緒に動いたり、手を取りながら動いたりして、いろいろな生き物になって動くことを楽しめるようにする。 ・子どもを追いかけたり、追いかけられたりを繰り返す。 ・安全に注意しながら、子どもたちの速度に合わせて追いかけたり、声をかけたりして、動いて遊ぶ楽しさが味わえるようにする。 ・池（ビニールシート）から保育園に戻ることを告げ、始めの場所に誘う。
10：19		○活動を終わる。 ・ビニールシートから出る。	・遊びは終わり、次の活動に移ることを告げる。

2～3歳頃の遊び　　アイスクリームになろう

期日　8月8日（木）		氏名　○○○○		

子どもの姿	すみれ組	2歳児	20名
・「アイスクリームのうた」をみんなで歌っている。 ・おやつとしてよく食べており、いろいろな種類があるのを知ってて、自分の好みのものを話している。	**主な活動** 「アイスクリームになろう」の身体表現遊びをする		

ねらい
・アイスクリームの特徴である冷たい、溶ける、固まるなどのイメージを持って、体で表現して動くことを楽しむ。
・友達と一緒に動くことを楽しむ。

時間	環境構成	予想される子どもの活動	保育者の働きかけと配慮
10：00	・ピアノの周りに子どもを集める。	○「アイスクリームのうた」を歌う。	・「アイスクリームのうた」の伴奏をピアノで弾きながら、集まるように声をかける。 ・子どもと一緒に楽しく歌う。
10：05	・子どもの方に体を向ける。	○保育者の話を聞く。 ・保育者の問いかけに応える。	・アイスクリームは好きか尋ね、どんな種類があるか問いかける。 ・アイスクリームの食べ方や、溶ける様子など、応答しながら、イメージを膨らませる。 ・アイスクリームになって動いて遊ぶことを伝え、興味・関心を引き出す。
10：08	・保育室の中央（広い場所）へ移動する。	○アイスクリームをつくる。 ・ボールに入る。 ・ぐるぐるその場で回る。 ・保育者の真似をして走りながら大きく回る。 ・砂糖をなめる。 ・冷蔵庫に入って、固まる。	・アイスクリームをつくることを伝え、一緒に動くように誘う。 ・保育室がボールであることを伝え、牛乳になってボールに入る様子をオノマトペで伝える。 ・かき混ぜることを伝え、牛乳はどうなるか問い、一緒に動きながら動きを引き出す。 ・砂糖が入ることをオノマトペを使って伝える。 ・冷蔵庫に入って固まっていくことを伝え、友達とくっついたりして固まっていくイメージをオノマトペと動きを使って伝えていく。 ・動きながら、子どもの表現を認めていく。 ・冷蔵庫の中のアイスクリームが固まったか確かめるように、子どもの体を触っていく。
10：15		○アイスクリームを食べる。 ・おいしそうに食べる。 ・冷たい仕草をする。	・冷蔵庫の中のアイスクリームを出して、食べることを伝え、「おいしい」「冷たい」など、五感で感じることを言いながらアイスクリームを食べる表現を引き出す。
10：18		○アイスクリームが溶ける。 ・溶ける表現（体を揺らす、小さくなる、這う等）をする。	・アイスクリームが溶けてきていることを伝え、溶けるイメージをオノマトペに合わせて動きを提示し、一緒にやってみるように誘う。 ・溶けてしまったのでもう一度冷蔵庫に入れることを伝え、冷蔵庫で固まっていく表現を引き出す。
10：20		○溶ける、混ぜる、固まるを繰り返す。 ・溶ける：フニャフニャ ・混ぜる：走る ・固まる：止まる 　を繰り返す。	・アイスクリームが溶ける、混ぜる、固まるを繰り返し、動きの面白さに気づくようにする。 ・各動作にあったオノマトペを使って、動きのイメージを引き出し、子どもの表現を認める。 ・固まった時の体の部位の形に意識が向くように一人一人に声をかける。
10：27	・保育者の周りに集める。	・保育者の周りにくっつく。	・みんなで大きな塊になることを伝え、保育者の周りで、くっついて固まる表現を引き出す。
10：28	・保育者の周りにそのまま座る。	○おなかいっぱいになる。	・大きな塊のアイスクリームを食べ、おなかがいっぱいになった仕草を引き出し、遊びが終わることを伝える。

2～3歳頃の遊び　　しゃぼん玉遊び

期日　7月20日（水）	氏名　○○○○		
子どもの姿 ・ストローにつけたしゃぼん玉液を吹いて飛ばして遊んでいる。 ・飛ばしたしゃぼん玉を追いかけて遊んでいる。	あじさい組	3歳児	20名
	主な活動 「しゃぼん玉遊び」の身体表現遊びをする		
	ねらい ・しゃぼん玉のイメージを持って、体で表現して動くことを楽しむ。 ・友達と一緒に動くことを楽しむ。		

時間	環境構成	予想される子どもの活動	保育者の働きかけと配慮
10：00	・しゃぼん玉液の入っている容器とストローを準備する。	○しゃぼん玉を観察する。 ・しゃぼん玉の様子を口々に話す。	・いろいろな形や飛び方を発見し興味が持てるように、しゃぼん玉を実際に飛ばす。（一気に吹く、ゆっくり吹くなど） ・しゃぼん玉の様子を問いかけ、子どもの応答を受容したり、共感したりしながら、しゃぼん玉の動きに興味が持てるような言葉をかける。
10：08	・保育室の中央（広い場所）へ移動する。	○しゃぼん玉になって遊ぶ。 ＜膨らむしゃぼん玉＞ ・しゃがんで小さくなったところから、手を広げたり立ち上がったりしながら、だんだん大きくなっていく。 ・手や体で、しゃぼん玉の様子を表現する。	・これからしゃぼん玉になって遊ぶことを伝え、動きに誘う。 ・しゃぼん玉が膨らむイメージをオノマトペで伝える。 ・しゃぼん玉の大きさが変化するような言葉をかけ、体を小さく動かしたり大きく動かしたりできるように誘う。
10：10		＜飛んでいくしゃぼん玉＞ ・両手を広げて、その場で回ったり、移動したりする。	・しゃぼん玉が飛んでいくことを伝え、その動きをオノマトペを使って引き出す。
10：15		＜くっつくしゃぼん玉＞ ・友達とくっつき、一緒に大きなしゃぼん玉になる。 ・友達と一緒に回ったり揺れたりして、いろいろなしゃぼん玉の動きを表現する。	・飛んできたしゃぼん玉がくっついて大きなしゃぼん玉になることを伝え、友達と協力して大きなしゃぼん玉になるように誘う。 ・友達と動きを工夫しながらいろいろなしゃぼん玉の動きの表現が楽しめるような雰囲気をつくり、子どもの表現を認めていく。
10：20		＜風に吹かれて割れる＞ ・バラバラになったり、友達と一緒になったりして、いろいろな所へ飛んでいって割れる様子を表現する。	・急に風が吹いてきた様子をオノマトペを使って伝え、その時のしゃぼん玉の様子を問いかける。 ・しゃぼん玉の割れた様子をオノマトペで表現し、消えてなくなった様子を伝える。
10：23		＜好きなしゃぼん玉になる＞ ・いろいろなしゃぼん玉になる。	・もう一度しゃぼん玉をつくり、思い思いのしゃぼん玉で遊ぶように誘う。 ・一人一人の子どもに声をかけ、それぞれの表現に共感し、動きを認めていく。
10：28	・保育者の周りに座る。	○保育者の前に集まる。	・カラスの出現を伝え、保育者のところまで逃げてくるように誘う。 ・無事に集まれたことを喜び、遊びが終わることを伝える。

4～6歳頃の遊び　　お祭りに行こう

期日　8月8日（木）		氏名　○○○○		
子どもの姿		ひまわり組	5歳児	25名
・園の夏祭りで踊ったことや、夜店のことを楽しそうに話をしている。 ・家族で花火を見に行ったり、地域の祭りにも出かけたりしている。		主な活動 「お祭りに行こう」の身体表現遊びをする		
		ねらい ・「夏祭り」を思い出しながら、友達と一緒に体験したことを動きに表現して楽しむ。 ・いろいろな動きを見つけたり、工夫したりして動く。 ・イメージしたものを友達に伝え、一緒に動くことを楽しむ。		

時間	環境構成	予想される子どもの活動	保育者の働きかけと配慮
10：00	・子どもたちの顔が見える位置に、目線を合わせて座る。	○保育者の前に集まる。	・保育者の前に集まるように声をかける。
10：02	・金魚、綿菓子、おみこし、盆踊りなどの絵	○祭りの話をする。 　（金魚すくい、綿菓子、おみこし、盆踊り　など） ・保育者の問いかけに応える。	・絵を見せ、体験したことを思い出しながら、お祭りごっこをすることに期待が持てるような言葉かけをする。 ・子どもたちから出てきた言葉を取り上げ、次の活動へつなげる。
10：05		○金魚になって泳ぐ。 ・手をヒレにして泳ぐ。 ・スイスイ走り回って泳ぐ。	・泳ぐイメージができるようにオノマトペを入れながら、保育者も一緒に表現する。 ・金魚になりきって泳ぐ姿を認め、さらに金魚のイメージが深まるような言葉をかける。
10：10	・保育者2人が手をつなぎ、たも網を作る。	○金魚すくいをする。 ・逃げ回る、捕まりにいく、スルリとすり抜けるなどの動きで泳ぐ。 ・保育者のまねをして、子ども同士でたも網を作る。	・次は金魚すくいをすることを伝える。 ・子どもたちの活動が盛んになるように、雰囲気を出して追いかけたり、捕まえる動作をする。 ・逃げる人と捕まえる人の役を決め、遊びに意欲が持てるようにする。 ・捕まえ方の確認をする。 ・逃げたり、捕まえたりを十分に楽しめるように、繰り返し遊ぶ。
10：15	・綿菓子の絵	○綿菓子の作り方を話す。 ・綿菓子ができるまでの様子についていろいろ言う。	・綿菓子の絵を見せながら、子どもたちを集め、できるまでの行程を尋ね、いろいろな気づきを引き出す。
10：20		○綿菓子になって遊ぶ。 ・綿菓子を作る様子について気づいたことを言う。	・子どもがイメージしやすいように、オノマトペを用いて、身振りをオーバーにしながら誘いかける言葉でイメージの世界に誘う。
		・砂糖になる。	・みんなが砂糖になることを伝え、綿菓子を作る機械の中に入るように誘う。
	・綿菓子を巻きつける（紙を巻いた）大きな棒	・クルクル回る。 ・ワタのようにフワフワする。 ・棒にからまる。 ・保育者の周りにくっつく。	・少しずつワタになってきた様子を言葉がける。 ・綿菓子が棒にくっついていることを伝え、動きを引き出す。 ・綿菓子がフワフワと大きくなるイメージを伝え、動くよう言葉をかける。
	・保育者の周りに集め、座る。	・保育者の周りに座り、食べるまねをする。	・食べるまねをしながら、できた喜びをみんなで味わえるような言葉をかける。

時間	環境構成	予想される子どもの活動	保育者の働きかけと配慮
10：30	・子どもたちの顔が見える位置に座る。 ・花火の絵	○花火の話をする。 ・それぞれイメージした花火を伝える。	・擬音語を使って花火の音を出し、次は「花火」であることを告げる。 ・花火を思い出せるような言葉かけをする。 ・準備しておいた花火の絵を見せながら、子どもから出てくるイメージの言葉を認める。
10：35		○線香花火になって遊ぶ。 ・線香花火の特徴を言う。	・音で感じを出しながら、線香花火を連想するような言葉をかける。 ・線香花火を知っているか尋ね、花火の特徴を確認する。 ・子どもから出てきた描写を認め、線香花火になってみることを誘う。
		・線香花火になる。	・イメージしやすいように、オノマトペを適宜使いながら、イメージの世界に誘う。 ・子どもの表現を認めながら、一緒に動く。
10：40		○いろいろな花火になる。 ・それぞれ知っている花火をあげ、友達と一緒に、なりきって動く。 ・いろいろな花火になる。 （手持ち花火、回転花火、噴出花火など）	・次は、それぞれ知っている花火になって動くことを伝える。 ・保育者もオノマトペを発しながら、花火になって動く。 ・一人一人の特徴をとらえ、共感して子どもと一緒に動いてみたり、問いかけ承認したりしながら、子どもの意欲を引き出す。 ・子どもの様子を見ながら、1人でできるものから、少しずつ2～3人のグループでできるように広げ、友達との関わりを楽しめるように進める。
10：45		○打ち上げ花火になる。 ・一人で大きな花火を表現する。 ・数人で手をつないでグルグル回る。 ・いろいろな回り方をする。 ・一人一人走ってきて跳ぶ。 ・友達と競争したり、一緒に花火になったりする。	・大きな花火になるように誘う。 ・大きな花火がイメージできるようにオノマトペを使って雰囲気を伝える。 ・もっと大きな花火をつくるために、友達と手をつないでグルグル回るように誘う。 ・工夫した花火の表現を認め、他の子どもと共有する。 ・打ち上げ花火のイメージをオノマトペで伝えながら、走る➡腕を広げて跳ぶ動作を見せ、みんなでやってみようと誘う。 ・繰り返し遊ぶことで満足感を味わえるようにする。
10：50		○見せ合いをする。 ・友達同士で自分の花火を見せ合う。	・友達と見せ合いをする呼びかけをする。 ・見せ合いをすることで、友達の動きを観察し、友達に見せる喜びを味わえるような雰囲気を作る。 ・子どもたちそれぞれの表現を認め、工夫した表現につながるように言葉をかける。
10：55	・壁を背にして、子どもたちの顔が見える位置に座る。	○活動を振り返る。 ・金魚すくい、綿菓子、花火について口々に語る。 ・祭りで経験したことやしてみたいことを言う。	・「花火大会終了」のアナウンスの真似をする。 ・この時間でどんなことをしたか問いかける。 ・子どもの応答に丁寧に応える。 ・活動をまとめ、祭りには他にどんなことがあるか、また、どんな遊びをしたいかなど、次の活動へ意欲が持てるような話をして終了する。

（4）　秋の生活・体験から身体表現遊びへ

●0〜1歳頃の遊び

- ・秋に関する絵本や紙芝居を見たりお話を聞いたりする
- ・散歩をする（公園、神社、並木道 etc.）
- ・木の実を触る
- ・花や葉っぱの色を見る
- ・くだものを触る、食べる
- ・虫を見る、触る
- ・運動会に参加する
- ・「どんぐりころころ」で遊ぶ　　　　　　　　　　　　　　　　　（p.121参照）

●2〜3歳頃の遊び

- ・木の実を探しにいく
- ・葉っぱを集める（色、形、数）
- ・お祭りに参加する
- ・秋に関する絵本に登場する人や動物になりきって遊ぶ
- ・お祭りごっこをする
- ・「葉っぱで変身遊び」の身体表現遊びをする
- ・「おいもほり」の身体表現遊びをする
　　　　　　　　　　　　　　　　（p.122参照）
- ・「たまごのあかちゃん」の身体表現遊びをする
　　　　　　　　　　　　　　　　（p.123参照）

●4〜6歳頃の遊び

- ・バス旅行に行く
- ・木の実で造形遊びをする
- ・木の実で音遊びをする
- ・秋に関する絵本のストーリーで遊ぶ
- ・お月見ごっこをする
- ・「山へ登ろう」の身体表現遊びをする
- ・「うちへおいで」の身体表現遊びをする　　　（pp.124-125参照）

●工夫から発展へ

- ・話（絵本や創作ストーリーなど）に合わせて展開していく
- ・秋の自然やお祭りなどの話を誕生会で演じる
- ・保育参観で親子ができる遊びを実践する

0〜1歳頃の遊び　　どんぐりころころ

日　時	10月15日（金）10：00〜10：20	指導担当 保育士	○○○○
人　数	男児7人　女児8人		
年　齢	1歳3か月〜1歳10か月	実習生	○○○○　㊞

子どもの姿	保育者と一緒に「どんぐりころころ」の歌を歌っている。 どんぐりで作ったこまが回るのを見て喜んでいる。
活動の テーマ	どんぐりになって遊ぼう
活動の ねらい	転がることができる喜びを味わう。
活動の内容	「どんぐりころころ」の歌を歌う。 どんぐりになって転がる。 山から転がる。 「どんぐりころころ」の歌で転がったり踊ったりする。
準備物	どんぐりの実、マット数枚

時間	環境構成とその配慮	予想される子どもの姿	保育者の援助と留意点
10：00	保育者の周りに集まる。	○「どんぐりころころ」の歌を歌う。 ・保育者の動きを真似る。	・身振り、手振りしながら楽しい雰囲気で歌う。
10：03	どんぐりの実を見せて転がす。	○どんぐりを転がす様子を見る。	・「コロコロ」の言葉を覚えやすいように、コロコロコロと言いながらどんぐりの実を転がす。
10：05	・安全に転がれる環境を準備しておく。	○転がる。 ・ゆっくり転がる。 ・自分の速さで転がる。 ・方向を変えて転がる。	・子ども自身が転がろうとする気持ちを大切にし、転がることが楽しめるようにゆっくりと援助していく。 ・ぶつからないように言葉かけをしながら、子どもの動きを見守る。 ・遊びが続けられるように、転がる方向を変えたり休憩をとったりして援助する。
10：10	丸めたマットの上からマットを重ね、山を作り、転がりやすいようになだらかな斜面にする。 ・安全に配慮しながら一人一人の動きに合わせて補助をする。	○山を転がる。 ・順番に転がる。 ・方向を変えて転がる。	・斜面を転がることができる子どもとできない子どもを把握して援助していく。 ・転がることに興味や意欲が持てるように言葉かけをする。 ・転がる速さに合わせて、「コロコロコロコロ」と言葉かけをする。 ・子どもの様子を見ながら、欲求にそって繰り返し遊べるようにする。
10：20		○「どんぐりころころ」の歌を歌いながら転がったり、動いたりする。	・「どんぐりころころ」の歌を歌いながら身振り、手振りを引き出せるように動き、転がりたい子どもには安全に転がれるように見守ったり補助したりする。

2〜3歳頃の遊び　　おいもほり

期日　11月10日（木）	氏名　○○○○		
子どもの姿 ・芋掘りを体験し、焼き芋を作って食べたりしている。 ・芋にちなんだ手遊びや歌遊びを楽しんだり、芋が出てくる絵本を見て楽しんだりしている。	こすもす組	3歳児	20名
	主な活動 　おいもほりであそぼう		
	ねらい 　仲間と協力して遊ぶ楽しさを味わう。		

時間	環境構成	予想される子どもの活動	保育者の働きかけと配慮
10：00	芋掘りのパネルシアター	○保育者の前に集まり、話を聞く。	・興味を引くように、パネルを示し、子どもたちを集める。
10：02		○パネルシアターを見る。 ・保育者の問いかけに応える。	・芋掘りの体験を振り返りながら、パネルシアターを通して問いかける。 ・パネルに子どもの意識を引きつけるように、出し方や話し方を工夫する。
	・芋のつる ・おおきいいもちゃん ・もぐらさん ・ちいさないもちゃん ・みみずさん	・芋掘りの過程に関する質問に応える。	・芋掘りの体験を基に、芋を掘る時の様子や蔓を引っ張る時の力の入れ方、掘った芋にはいろいろな形の芋があったことなど、芋を掘るまでの過程を確認し、芋掘遊びをしようと誘う。
10：10		○芋掘り遊びをする。 ・芋になる。 ・「うんとこしょ　どっこいしょ」と掛け声をかけながら引っ張る。 ・交代して遊ぶ。	・いろいろな形の芋をイメージして一人一人が芋になれるように言葉かけをする。 ・蔓を引っ張る動きに合わせて「うんとこしょ　どっこいしょ」等の動きの伴奏になるような擬態語を使い言葉かけをする。 ・仲間同士で芋になる人と掘る人を交代し、繰り返して遊べるように工夫する。
		・なかなか抜けない芋になったり、抜けない様子を表現したりする。	・保育者が引っ張る真似をして、なかなか抜けない様子を伝える。 ・引っ張ったり引っ張られたりと、子どもたちがやりたいことができるように、安全に配慮して見守る。
10：20		○もぐらやみみずになって遊ぶ。 ・這う、転がる、跳ぶ。 ・相撲をとる。	・パネルシアターの芋掘りをしている時に出会ったもぐらやみみずになって遊ぼうと提案する。 ・いろいろな生き物になって這ったり、転がったりすることを楽しみながら、仲間と仲良く遊べるように言葉かけをする。
10：25		○「やきいもグーチーパー」の歌を歌う。	・イメージを持って元気よく歌えるように保育者も一緒に歌う。

2〜3歳頃の遊び　たまごのあかちゃん

期日　10月10日（木）	氏名　○○○○		
子どもの姿 ・保育者から絵本を読んでもらうことが好きで、気に入った絵本は、自分でページをめくりながら見て、言葉も摸倣している姿が見られる。 ・動物や乗り物など、イメージを持って動くことができるようになり、保育者の動きを真似て動くことを喜んでいる。	どんぐり組	3歳児	15名
	主な活動 　卵から生まれてくるいろいろな生き物になって遊ぶ		
	ねらい ・卵から生まれてくる様々な生き物をイメージして保育者や友達の動きを摸倣しながら動くことを楽しむ。		

時間	環境構成	予想される子どもの活動	保育者の働きかけと配慮
10：00		○保育者の前に集まる。	・保育者の前に集まるように声をかけ、話中は集中できるように、声の大きさを変えたり、抑揚をつけたりして話す。
10：01	卵（生き物）のカード	○卵から生まれてくる生き物のカードを見る。	・カードの卵から生まれてくる生き物を想像し、たまごのあかちゃん「でておいでよ」という言葉を、子どもから引き出す。
10：04	ピアノ ・こおろぎカード ・鈴虫カード ・殿様バッタカード	○「まるいたまご」の歌を歌いながら、手遊びをする。 ・様々なカードの動きを見ながら歌を歌う。	・歌を歌いながら、大きな動作を示し、一緒に手遊びができるように誘う。 ・歌に合わせてカードを動かし、それぞれの生き物の特徴を確認する。
10：09		○卵になって動く。 ・丸くなる。 ・転がったり止まったりする。 ・回る。	・卵になって遊ぶことを伝え、卵の丸い形を自分の身体で表現できるように言葉かけをする。 ・卵になって転がったり止まったり、回ったりする動きを提示しながら一緒に動き、子どもたちの動きを引き出す。
10：10	 こおろぎの卵カード	○様々な卵から生まれてくる生き物になる。 ・卵からこおろぎが生まれる。 （歩く、跳ぶ、鳴く）	・様々な卵から生まれてきた生き物になって遊ぶことを提案し、最初にこおろぎの卵になるように誘う。 ・卵からこおろぎが生まれてくる様子を言葉かけする。 ・一緒に動きながら、こおろぎが鳴き出したことを知らせ、鳴き声を引き出す。
10：15	鈴虫の卵カード	・卵から鈴虫が生まれる。 （跳ぶ、鳴く、食べる）	・鈴虫の特徴であるピョンピョン跳ぶ、きれいな声で鳴く、野菜を食べる等を繰り返し楽しめるように言葉かけする。
10：18	殿様バッタカード	・卵から殿様バッタが生まれる。 （遠くへ飛ぶ、餌を見つける、虫を捕まえる）	・殿様バッタの動きの特徴について話し、遠くへ飛んだり、餌を見つけたり、素早く捕まえて食べる等のイメージを広げ、一緒に動く。
		○保育者の前に集まり、話を聞く。	・今日の活動を振り返りながら、子ども一人一人の活動を認め、次回の活動へつなげていく。

（4）
秋の生活・体験から
身体表現遊びへ

0〜1歳頃

2〜3歳頃

4〜6歳頃

4〜6歳頃の遊び　　うちへおいで

期日　9月20日（水）	氏名　○○○○		
子どもの姿	さくら組	5歳児	30名
・『うちへおいで』の絵本を以前に読んでもらったことがあり、簡単な絵本は自分でも読めるようになってきている。 ・最近、絵本に出てくる者やテレビのヒーロー等になって遊んでいる姿をよく見る。	主な活動 　『うちへおいで』の身体表現遊びをする		
	ねらい 　絵本『うちへおいで』に登場するねずみ君やもぐら君になりきって、仲間と一緒に表現する楽しさを味わう。		

時間	環境構成	予想される子どもの活動	保育者の働きかけと配慮
10：00		○保育者の前に集まる。	・保育者の前に集まるように声をかけ、今日の活動について話をする。
10：02	絵本『うちへおいで』	○絵本『うちへおいで』を見る。	・絵本が見やすいように持ち、ゆっくり大きな声で読む。
10：05		○保育者の質問に答える。	・絵本に出てくる場面を取り上げ、ねずみ君が通った道のりについて問いかける。
	カード3枚 	・カードを見る。	・子どもの意見を取り上げながら、3枚のカード「くねくね道」「とんがり山」「まんまる池」を出して確認をしていく。
10：07	マーカー 白板（模造紙）	○くねくね道を描く。	・名前を呼ばれた子どもは前に出てきて、模造紙に思い思いのくねくね道を描くことを伝える。 ・上手く描けない子には援助する。 ・描き上がったものを白板に貼り付け、全員に見えるようにする。 ・くねくね道を進むと、とんがり山の麓に着くことを確認し、出発する気持ちを高める。
10：10	軽快な音楽CD 	○出発する。 ・くねくね道を進む。 ・歩く。 ・走る。 ・スキップする。 ・くねくね道を乗り物で進む。 ・バスに乗る。 ・自動車に乗る。 ・三輪車に乗る。 ・馬車に乗る。 ・スケーターに乗る。	・出発することを伝え、この部屋の中に友達と一緒にくねくね道をいっぱい描きながら、様々な動きが体験できるように言葉かけをする。 ・仲間と一緒に乗り物を見つけ、その乗り物の動きを工夫して動けるように言葉かけをする。 ・楽しい雰囲気が出るように、軽快な音楽をかけ、気持ちを盛り上げる。 ・生活の中で体験している乗り物を子どもの動きのヒントになるように提示する。

時間	環境構成	予想される子どもの活動	保育者の働きかけと配慮
10：14	とんがり山カード	○とんがり山を登る。 ・引っ張る、押す。 ・山の頂上につく。 ・ヤッホーと叫ぶ。	・山を登っている様子がイメージできるように言葉かけをし、友達を引っ張ったり押したりしながら山登りの表現を引き出す。 ・山の頂上に着いたことを伝え、「ヤッホー」と叫んでみようと誘い、小さな声でやまびこを表現して返し、雰囲気を作る。
10：17		○山から下りる。 ・ソリで滑る、転がる、走る。	・山から下りる方法について問いかけ、子どもから出てきた考えをもとに動きを提示したり引き出したりする。
10：20	まんまる池カード	○まんまる池で遊ぶ。 ・池に入る、泳ぐ。 ・ボートを漕ぐ。	・まんまる池に着いたことを伝え、「池の中で遊んで行こう」と誘い、泳いだり魚になったりする表現を引き出す。 ・ボートに乗って渡ることを提案し、仲間と一緒にボートを漕いで進めるような言葉かけをする。
10：25	トンネルカード	○トンネルの中を進む。 ・ハイハイ、這う。	・トンネルの中では、徐々に体を低くした動きやトンネルを潜る動きを提示し、真っ暗な穴の中に入っていくイメージを引き出す。 ・子どもたちと一緒に姿勢を低くして這ったり、トンネルを作ったりしながら、子どもたちが具体的に動けるように援助する。
10：30		○もぐら君のお家に着く。	・もぐら君の家に着いたことを伝え、ドアを一緒に叩こうと誘う。
10：32		○もぐら君と一緒に遊ぶ。 ・わらべうた遊び等。	・保育者はもぐら君に変身して一緒に遊ぼうと誘い、何をして遊びたいか質問をし、出てきた遊びをみんなで共有して遊べるように進める。
10：37	料理カード	○料理を作る。	・何の料理を作るか話し合い、材料や料理の手順に沿った動きを引き出せるようにリズミカルな言葉かけをする。 ・料理の材料の野菜や肉などの栄養に関する話をして、自分の体作りにも関心が持てるようにする。
10：45		○ねずみ君の家に帰る。	・帰る時間が迫っていることを伝え、急いで帰る方法について問いかけ、子どもから出てきた意見をもとに帰ろうと誘う。
10：47		○保育者の前に集まる。 ・保育者の話を聞く。	・無事に帰れたことを知らせ、保育者の前に座るように伝える。 ・次回の活動に向けた話をする。

（5）　冬の生活・体験から身体表現遊びへ

（5）
冬の生活・体験から
身体表現遊びへ

0～1歳頃

2～3歳頃

4～6歳頃

●0～1歳頃の遊び

・冬に関する絵本や紙芝居を見たり、お話を聞いたりする
・冬の冷たい空気に触れる
・息を「はー」と吐き出してみる
・雪（降っているのを見る、さわる、歩く、滑ったり転んだりして遊ぶ）
・もちつき（見る、さわる、食べる）
・池や水たまりに張った氷を見る、さわる
・お正月を楽しむ
・凧あげを見る
・こま回しを見る
・豆まきをする
・「もちつき遊び」の表現遊びをする
（p.127参照）

●2～3歳頃の遊び

・窓に雪を吹きかけたり、蒸気で曇った窓に落書きをする
・雪を丸めたり、転がしたりして遊ぶ
・そりで滑って遊ぶ
・クリスマスを楽しむ
・サンタクロースになって遊ぶ
・凧あげをする
・こま回しをする
・冬に関する絵本に登場する人や動物になって遊ぶ
・「鬼になって遊ぼう」の表現遊びをする
（p.128参照）
・「てぶくろ」の表現遊びをする
（p.129参照）

●4～6歳頃の遊び

・園庭に張った氷や氷柱を観察する
・クリスマスツリーを飾る
・クリスマスソングを歌ったり踊ったりする
・もちつきをして、もちを丸める
・鬼ごっこやしっぽ取りを楽しむ
・かるた、トランプ、あやとり遊びをする
・冬に関する絵本のストーリーで遊ぶ
・凧を作り、凧あげをする
・雪ん子や雪だるまになって遊ぶ
・「10ぴきのかえるのおしょうがつ」の表現遊びをする
（pp.130-131参照）

●工夫から発展へ

・お話（絵本や創作ストーリーなど）に合わせて展開していく
・冬の関するお話を誕生会で演じる
・保育参観で、親子でできる遊びを実演する

（5）
冬の生活・体験から
身体表現遊びへ

0〜1歳頃

2〜3歳頃

4〜6歳頃

0〜1歳頃の遊び　　もちつき遊び

日　時	1月8日（月）　10：00〜10：20	指導担当保育士	○○○○
人　数	男児2人　女児3人		
年　齢	1歳0か月〜1歳6か月	実習生	○○○○　㊞
子どもの姿	もちつきの行事で、保育者と一緒にもちつきを見ながら、「ペッタン　ペッタン」と声に出して楽しんでいる。		
活動のテーマ	もちつきをしよう		
活動のねらい	・保育者とのふれあいを楽しむ。 ・もちをついたり、もちになったりして楽しむ。		
活動の内容	・白いタオルを丸めて作ったボールをもちに見立てて遊ぶ。 ・「ペッタンコ　ペッタンコ」のリズムに合わせて動きを楽しむ。 ・もちになって食べたり、食べられたりしながら感触遊びを楽しむ。		
準備物	白いタオル		

時間	環境構成とその配慮	予想される子どもの姿	保育者の援助と留意点
10：00		○保育者の周りに集まって座る。	・子どもが安全に座れることを確認する。
	白いタオルを丸めて作ったもち	○タオルで作ったもちをさわる。 ・保育者の真似をして、「ペッタン　ペッタン」と声を出して、もちを押したりたたいたりする。	・タオルで作ったもちをもちに見立ててフワフワの感触を味わえるようにする。 ・もちつきに関する歌に合わせて、リズミカルに「ペッタン　ペッタン」と言いながら、歌遊びを楽しめるようにする。
10：07		○もちになる。 ・座ったままで動く。 ・丸くなってゴロゴロと転がる。	・子どもと向き合って座り、子どもの手や足をもちに見立てて、「ペッタン　モミモミ」と言いながら、揺すったり、摩ったりして子どもが体を刺激されることを楽しめているか確認しながら進める。 ・一人一人に体を丸くするように誘い、コロコロ転がる雰囲気を出す。
10：15		○もちを食べる。 ・保育者の真似をしてもちを食べる。 ・保育者のもちを食べて「美味しいね」などの動作をする。	・できたもちを食べる表現遊びへと誘う。 ・子ども同士で、食べ合ったり保育者から食べられたりすることを楽しめるように言葉かけをする。 ・保育者が「先生のおもちも美味しいよ」と、もちになって子どもを誘う。 ・触ったり触られたりの感触遊びを十分に繰り返し楽しめるよう配慮する。
10：20		○保育者の話を聞く。	・今日の活動を振り返り、話をする。

（5）
冬の生活・体験から
身体表現遊びへ

0〜1歳頃

2〜3歳頃

4〜6歳頃

2〜3歳頃の遊び　　鬼になって遊ぼう

期日　2月1日（木）	氏名　○○○○		
子どもの姿 ・節分についての絵本を読んでもらい、豆まきを楽しみにしている。 ・節分で使う、鬼の面を制作している。 ・「鬼のパンツ」の歌を元気に歌っている。	きりん組	3歳児	18名
	主な活動 　節分について聞いて、鬼になり身体表現をする		
	ねらい 　節分の豆まきに登場する鬼になって、保育者や友達と表現することを楽しむ。		

時間	環境構成	予想される子どもの活動	保育者の働きかけと配慮
10：00		○保育者の前に集まり、座る。	・保育者の前に座るように声をかけ、子どもたち全体が見える位置に立つ。
10：02		○話を聞く。	・節分の豆まきについて話をする。
10：05	ホワイトボード 絵カード	○絵カードを見る。 ・にこにこ鬼 ・ぷんぷん鬼 ・なきむし鬼	・いろんな鬼がいることを伝え、絵カードの鬼の顔を真似るように誘う。 ・それぞれの鬼の顔の表情をとらえ、鬼になりきっている子どもたちをほめる。
10：08		○角がある、怖い、赤いなど口々に応える。	・鬼のイメージを問いかけ、子どもたちから応えを引き出す。
10：10		○鬼になる。 ・力強く歩く。	・オノマトペを用いながら、足音をドスンドスンとたてながら力強く歩くように動きを引き出す。
10：12		・重いものを持ち上げる。	・顔の表情も加えながらゆっくりと、両手で重いものを持ち上げる動作を引き出す。
10：15		・岩山を這い上がる。	・高這いでゆっくりと進んでいくように言葉かけをしながらイメージを深める。
10：18		・山を転がる。	・ゴロゴロと横転しながら山を転がるように伝え、保育者も一緒に転がる。
10：20	CD「鬼のパンツ」	○「鬼のパンツ」を踊る。	・鬼のいる村に着いたことを伝え、みんなで「鬼のパンツ」の歌に合わせて、ダンスをしようと誘う。
10：25		○保育者の前に集まり話を聞く。	・今日の振り返りを行い、子どもたちが強い鬼になれたことをほめて、次回の活動につなげる。

2～3歳頃の遊び　　てぶくろ

期日　1月25日（金）	氏名　〇〇〇〇		
子どもの姿 ・動物の絵本を好み、何度も繰り返し見ている。 ・様々な動物に変身して遊ぶことを楽しんでいる。	うさぎ組	3歳児	20名
	主な活動 『てぶくろ』の絵本を通して身体表現をする		
	ねらい 　冬の季節を感じながら、物語の世界に入り込み、保育者や友達と表現することを楽しむ。		

時間	環境構成	予想される子どもの活動	保育者の働きかけと配慮
10：00		○保育者の前に集まり、座る。	・保育者の前に座るように声をかけ、子どもたち全体が見える位置に立つ。
10：02	絵本『てぶくろ』	・『てぶくろ』の絵本を見る。 ・保育者の問いかけに応える。	・絵本を読み、全体のイメージを膨らませる。 ・絵本に登場した動物を確認し、どんな特徴があるのか話をする。
10：08		○絵本に出てくる動物になる。 ○「くいしんぼねずみ」になる。 ・四つん這いで動く。	・絵本に登場した動物になることを提案する。 ・「くいしんぼねずみ」をイメージしながら、小刻みに手や足を使って這う動きを提示し一緒に動く。
10：10		・てぶくろに入る。 ○「ぴょんぴょんがえる」になる。 ・跳ぶ。 ・泳ぐ。	・てぶくろに入るよう誘う。 ・擬態語「ピョンピョーン」と声かけしながらかえるになり、手をついて跳ねたり、跳んだりする動きに誘う。 ・「スイスイ」等の擬態語を使い、池の中を泳ぐイメージの動きを引き出す。
10：12		・てぶくろに入る。 ○「はやあしうさぎ」になる。 ・音を聞く。 ・穴を掘る。 ・かけっこをする。	・てぶくろに入るよう誘う。 ・雪山にいる「はやあしうさぎ」になれるように、保育者の言葉かけで一緒に動く。 ・耳に見立てた手を伸ばし、背伸びをしながら左右を確認する動きを引き出す。 ・保育者と一緒に、雪山に穴を掘り、食べ物を探すよう伝える。 ・一列になり、保育者のところまで競争（かけっこ）するように、声かけをする。
10：15	布やカラービニール等	・てぶくろに入る。 ○「おしゃれぎつね」になる。 ・体に巻き付けたり、頭にかぶったりする。	・てぶくろに入るよう誘う。 ・おしゃれなきつねをイメージして、布やカラービニール等を利用し、変身ごっこを楽しめるように環境設定する。 ・保育者はモデルのように、素敵に歩いたり、踊ったりして表現できるように言葉かけをする。
10：22		・てぶくろに入る。 ○「はいいろおおかみ」になる。 ・遠吠えをする。 ・高這いで獲物を探す。 ・てぶくろに入る。	・てぶくろに入るよう誘う。 ・おおかみになって、遠吠えや素早い動きを引き出す。 ・保育者と一緒に、高這いになり、遠吠えの練習をする。 ・雪山の中を、高這いで獲物を探すように誘う。 ・てぶくろに入るよう誘う。
10：25	新聞紙 棒状に丸めておく	○「きばもちいのしし」になる。 ・牙を持つ。 ・後ろ足で床をける。 ・てぶくろに入る。	・丸めた新聞紙の牙を持ち、力強く後ろ足を蹴って、突進する動きを繰り返せるように言葉かけをする。 ・慣れてきたら、一列になり一緒に走る。 ・てぶくろに入るよう誘う。
10：28		○「のっそりくま」になる。 ・ゆっくり歩く。 ・てぶくろに入る。	・高這いや、立って両手を挙げるなどの動きを引き出し、ゆっくり大股で歩くように誘う。 ・てぶくろに入るよう誘う。
10：30	ロープ（長縄等）	○森に帰る。 ○保育者の話を聞く。	・保育者の犬の鳴き声をきっかけに、てぶくろから出て、森（ロープ）に帰るように伝える。 ・今日の活動を振り返り、話をする。

(5)
冬の生活・体験から
身体表現遊びへ

0～1歳頃

2～3歳頃

4～6歳頃

4～6歳頃の遊び　　　10ぴきのかえるのおしょうがつ

期日　1月10日（金）	氏名　○○○○		
子どもの姿 ・年末に、園の保育室や園庭のお掃除を友達と分担して楽しく行った。 ・お正月の体験談について、友達と話をする姿が見られる。 ・もちつきを見て、興味関心が湧いている。	ぞう組	5歳児	24名
	主な活動 『10ぴきのかえるのおしょうがつ』の身体表現遊びをする		
	ねらい ・絵本『10ぴきのかえるのおしょうがつ』に出てくるシーンを友達と協力して再現することを楽しむ。		

時間	環境構成	予想される子どもの活動	保育者の働きかけと配慮
10：00		○保育者の前に集まり座る。	・保育者の前に集まるように声をかけ、今からの活動について話をする。
10：02	絵本『10ぴきのかえるのおしょうがつ』	○絵本『10ぴきのかえるのおしょうがつ』を見る。 ・経験したことを話す。	・絵本に出てくる場面を取り上げ、子どもたちにお正月の話について質問をする。 ・子どもから出た意見をもとに、絵本に出てくる場面をみんなでやってみようと誘う。
10：10	BGM（軽快な音楽）	○大掃除をする。 ・鏡を拭く。	・どこのお掃除をするのか、子どもに問いかけ、鏡をきれいに拭くように誘う。 ・保育者と子どもたちとが向かい合い、保育者の動きに合わせて鏡に映っているかのように子どもたちは保育者の動きを模倣するよう誘う。
		・2人組になる。 ・交代して鏡拭きを行う。	・2人組になり、鏡拭きの動きを子ども同士でも行うように伝える。
		・掃き掃除をする。	・保育室の隅から隅まできれいに箒ではくように言葉かけを行う。
		・ほこりになる。	・ほこりになる子どもには、寝転がり横転しながら中央に集められるように誘う。
10：16		○もちつきをする。 ・もちになる。	・保育者がもちをつき、子どもたちがかけ声に合わせて、伸びたり、しゃがんだりダイナミックな動きが引き出せるように言葉かけをする。
10：18		・もちをついて丸める。	・2人組になって交代で餅つきを行い、できた餅を床で転がしながら、丸めるよう伝える。

時間	環境構成	予想される子どもの活動	保育者の働きかけと配慮
10：25	こま BGM（お正月）	○お正月の遊びをする。 ・こま回しを見る。	・こまを回して見せ、動きを観察するように伝える。
		・こまになり回る。	・一人一人がこまになって回転するよう言葉かけをし、勢いよく回りながら、徐々に止まっていく動きを引き出す。
		・2人組になる。	・2人組になるように声をかけ、確認をする。
		・体を丸めて小さくなり回る。	・こま回しの遊びを体のいろいろな部位を使い、動くように誘う。
		・床に寝転がり回る。 ・お尻で回る。	・どんな回り方ができるか、2人で考えるよう問いかける。 ・できた動きを確認し認める。
10：40	凧 BGM（軽快な音楽）	・凧揚げをする。 ・凧になる。 ・凧を揚げる。	・凧を上げて見せ、動きを観察するように伝える。 ・2人組で、凧と揚げる人になり凧を操りながら糸を引っ張ったり、引っ張られたりして凧揚げの動作を引き出す。 ・凧を高く揚げられるように、2人の息を合わせ動くように伝える。 ・クラスを2グループに分けて、広い空間で動けるように配慮する。
	走る ↗　↘ 転がる ← 跳ぶ		・走る→跳ぶ→転がる…を繰り返し行いながら、凧揚げの雰囲気が出せるように言葉かけをする。
		・木に引っかかる。 ・糸が切れて落ちる。	・保育者の言葉かけで、木に引っかかったり、糸が切れたりする動きを引き出し、さらに子どもたちの想像力を伸ばす。 ・凧の表現を工夫している2人組を見つけ、発表の場を設ける。 ・発表後に他者を認め合う気持ちが育つように助言する。
10：50		○保育者の前に集まる。 ・話を聞く。	・保育者の前に集まるよう声をかける。 ・本時の振り返りを行い、次回の活動の内容について話をする。

5　空想・物語の世界から身体表現遊びへ

　子どもの表現活動は日常生活の体験を基にした模倣やイメージの蓄積に支えられている。生活体験を豊かにすることが重要視されている理由でもある。

　また、現実に直接体験できることだけしか表現できないのであろうか？　映像や絵画・イラスト等によって、現実にはできない体験、触る・見ることのできないような事象においても、動画、絵本やペープサート・エプロンシアター等の視聴・間接体験を通じて想像を膨らまし、イメージを広げていくことが可能となる。そのイメージ等を土台とした演目を子どもに提供し、子どもの表現活動を展開することにより、さらに豊かな感性や創造力の向上が期待できる。

　ここでは、絵本や動画に登場するものや想像して遊ぶことができる題材を利用した身体表現活動の例を示した。

（1）　魔法使いと遊ぼう

●０〜１歳頃の遊び

・絵本や紙芝居を見る。（『もこもこもこ』（谷川俊太郎：文研出版）の「もこもこ」や「にょきにょき」等の言葉のリズムや何が出てくるのか分からない不思議な感じを楽しむ）
・『いないいないばあ』（松谷みよ子：童心社）を読んだ後、「いないいないばあ」の手遊びで、物を出したり隠したりして遊ぶ
・手遊びをする（魔法のつえ・いちのゆびなど）
・不思議な触感や音がする素材を使って遊ぶ（例：音のする素材を入れた箱を振って楽しむ。多様に形の変わる枕（ぬいぐるみ・ふわふわ毛糸の人形など）を触って楽しむ）

●２〜３歳頃の遊び

・マント（布・新聞紙）をつけて魔法使いごっこをする
・魔法のじゅうたん（新聞・マット）で遊ぶ
・「魔法ごっこ」の表現遊びをする
　　　　　　　　　　　　　　（p.134参照）
（「グニャグニャ・カチカチになれ」など）
・逆さ動きの魔法で遊ぶ
・「魔法使い遊園地へ行く」の表現遊びをする
・「恐竜の国へ行こう」の表現遊びをする
・動物に変身して遊ぶ

●４〜６歳頃の遊び

・「魔法のほうきにのって遊ぼう」の表現遊びをする　　　　　（p.135参照）
・「魔法のさんぽみち」を読む
・「宇宙へ行って遊ぼう」の表現遊びをする
・「魔法使い、怪獣と遊ぶ！」の表現遊びをする
・「魔法の国へ行こう」の表現遊びをする　　　　　　　（pp.136-137参照）
・様々な魔法のグッズを製作する（スライム等）
・オズの魔法使いごっこをして遊ぶ

●工夫から発展へ

・絵本の中のお話に合わせて動く
・つぎたし話を考えて、お話にあわせて動く
・園庭の遊具や自然環境を利用し、動きの空間を広げて遊ぶ

2〜3歳頃の遊び　　魔法ごっこ

期日　5月15日（木）	氏名　○○○○		
子どもの姿 ・走り回る・転がるなどの活動や少し高いところから飛び降りるなど、全身を動かして遊んでいる。	ゆり組	3歳児	20名
	主な活動 魔法の呪文を通して、身体を多様に動かす		
	ねらい 魔法使いになって、様々なものに変身することを楽しむ。		

時間	環境構成	予想される子どもの活動	保育者の働きかけと配慮
10：00	魔法使いやホウキなど、場の雰囲気を高めるイラストや小道具を貼ったり、置いたりしておく。	○集まって保育者の話を聞く。	・魔法ごっこをすることに興味を持ち、話を聞くことができるように、抑揚をつけて話をする。
10：05		○魔法の呪文をかけられて動く。	・魔法の呪文「グニャグニャリンのユラユラリン」を伝え、一緒に呪文を唱えるように誘う。
10：06		・グニャグニャの動き	・体の部位を意識して動くよう言葉かけをする。
			・「グニャグニャ」という言葉のイメージと動きのイメージが一致しているか見守りながら、見本となって一緒に動く。
10：08		・カチカチの動き	・次に体が固くなる魔法をかけることを伝え、「カチカチコンコン　シャキリンコ」と一緒に呪文を唱える。
			・声を出しながら、体を緊張させるよう誘い、リズムに変化をつけた言葉をかける。
			・保育者の腕を触らせて、自分と比べたり、力を入れたりすることの意味が理解できるように援助する。
10：12		・ピョンピョンピョ〜ンの動き	・次はピョンピョンピョ〜ンの魔法をかけることを伝え、空間を広く使ってのびのびと動くことを知らせる。
			・跳ぶ大きさを変えたり、連続跳びをしたりなど、思い思いに動きを楽しめるよう言葉をかける。
10：15		○自分で好きな魔法をかける。	・気に入った動きを繰り返し、言葉のイメージと動きのイメージの面白さを味わえるよう援助する。
			・好きな魔法がよく分からない子どもには、保育者が魔法をかけて一緒に動くよう誘う。

4～6歳頃の遊び　魔法のほうきにのって遊ぼう

期日　9月15日（火）	氏名　○○○○		
子どもの姿 ・木陰やベンチでいろいろな絵本を保育者に読んでもらうなどの活動をする。 ・短い変身遊びの中で、保育者と一緒に動物になったり乗り物になったりして遊んでいる。	さくら組	4歳児	20名
	主な活動 　魔法のほうきにのって遊ぼう		
	ねらい 　絵本の登場人物や場面を楽しみ、魔法使いになって、様々なものに変身することを楽しむ。		

時間	環境構成	予想される子どもの活動	保育者の働きかけと配慮
10：00	絵本 『魔法使いトビィ』 （カズノ・コハラ／石津ちひろ訳：光村教育出版）	○絵本を見る。	・絵本『魔法使いトビィ』を読み聞かせしながら、ほうきで飛ぶ練習をする場面を擬音語、擬態語を使って、動きのイメージを引き出すように言葉をかける。 ・魔法のほうきを取り出して、わくわくする気持ちを高めるようにする。
10：07	魔法のほうき	○保育者の話を聞く。	・魔法のほうきを渡すことを伝え、もらった人は、ほうきにまたがって待っているように伝える。
10：12		○魔法のほうきをもらう。	・呪文を唱え、空を飛んで行けるように、魔法の世界の雰囲気を高める。
10：15		○魔法のほうきに乗る練習をする。 ・びゅんびゅん飛び ・くるりん飛び ・ふわふわ飛び ・くねくね飛び	・いろいろな飛び方を提示し、ダイナミックな動きを引き出すよう援助する。 ・「走る－飛ぶ－止まる」の動きを繰り返し、楽しめる場面を作る。移動の軌跡が単調にならないように気をつける。 ・「小さい山（飛び越える）・大きい山（周囲を回る）など物的環境を加え、動きの工夫が深まるようにする。
10：20	小さい山・大きい山	○自分で好きな魔法をかける。 ・園に向けて飛ぶ。	・時には、うまく飛べない・失敗する場面を入れ、動きの変化を楽しむ。 ・面白い飛び方を考えた友達を紹介して意欲を高める。 ・空から園に降りるなど上下の空間の変化を工夫する。 ・園が見えてきたことを伝え、園に戻ってきたことを伝える。
10：28		○保育者の前に集まる。 ・保育者と応答する。 ・魔法のほうきを片付ける。	・保育者の前に飛んできて座るように声をかける。 ・今日の遊びの感想を幼児から引き出す。 ・当番の子どもに、魔法のほうきを片付けるように伝える。 ・綺麗に片付けができたことをほめる。

4〜6歳頃の遊び　　魔法の国へ行こう

（1）

魔法使いと遊ぼう

0〜1歳頃

2〜3歳頃

4〜6歳頃

期日　1月24日（金）	氏名　○○○○		
子どもの姿 ・魔法使いの絵本を読む。 ・デパートや遊園地・宇宙・怪獣など絵本や図鑑を見たりする。	すみれ組	5歳児	20名
	主な活動 　魔法の国へ行こう		
	ねらい 　絵本の登場人物や場面を楽しみ、魔法使いになって、様々なものに変身することを楽しむ。		

時間	環境構成	予想される子どもの活動	保育者の働きかけと配慮
10：00		○先生の前に集まり話を聞く。	・昨日読んだ魔法使いの絵本の面白かったところを思い出しながら話を進め、これから魔法使いになって、いろんな探検をすることを提案する。
10：03	魔法の国の絵カード	○どんな方法で魔法の国へ行くかを考える。	・魔法使いの国に行く方法や、呪文の言葉等を考えて発表してもらい、行ってみたいという気持ちを膨らます。 ・魔法のほうきや、魔法のトンネルなどの提案をしたり、子どもの考えを聞いたりして、自分たちで魔法の国に行くまでの行程をイメージできるように助言する。
10：05		・呪文を唱えて魔法をかける。	・呪文を皆で大きな声で唱え、魔法がかかったということを知らせる。 ・表情や声色にも工夫して、雰囲気を出す。
10：06		○魔法の国に行く。	・魔法がかかったら、体が軽くなってフワフワしてくることや、飛んでいけること等を知らせ、一緒に飛んでいるように走りながら動きを提示する。
10：07		○魔法使いの国で遊ぶ。	・非日常空間へ誘い込み、気持ちの切り替えができるように、タイミングよく掛け声をかけたり、場面を言葉で描写する。そこでイメージできた動きを引き出す。
10：10	魔法のデパートの絵カード	○魔法デパートで遊ぶ。	・魔法のデパートに着いたことを知らせ、デパートにあるいろいろな物に変身する面白さがあることを伝える。 ・保育者が呪文を唱えることで、そのものに変身して遊ぶ楽しさを知らせる。
10：15		・友達と魔法をかけたりかけられたりして遊ぶ。	・友達に魔法をかけたり、自分にかけてもらったりしながら遊べるように援助し、いろいろな物に変身する楽しさが味わえるように進める。

時間	環境構成	予想される子どもの活動	保育者の働きかけと配慮
10：20	売り場の絵カード	○いろいろな品物に変身して遊ぶ。 ・おもちゃ 　　電車 　　ロボット 　　ヒーロー人形　等 ・ペット 　　犬 　　ねこ 　　小鳥　等 ・お菓子 　　ソフトクリーム 　　ケーキ　等 ・エスカレーター	・おもちゃや、ペット、お菓子等にも変身できることを提案する。 ・子どもが一人一人自分で変身したいものを見つけ、変身して動いている姿を受容し、さらに意欲的に動けるような言葉かけをする。 ・どの品物にしようか迷っている子どもには、売り場の絵カードを見せて、スムーズに動けるよう助言する。 ・子どもが表現した題材を紹介し、友達同士で動きを見せ合う。 ・友達の表現を見て、興味を持てた題材や動きは、皆でイメージを共有して動いてみるように誘う。 ・エスカレーターなどの動きを発見した子どもには、だんだん高くなったり低くなったりする様子がうまく表現できるよう言葉をかける。
10：27	遊園地の絵カード	○魔法遊園地に行く。	・遊園地まで飛んで行くように誘い、ビルを飛び越えたり、トンネル抜けたり、くるくる回りながら飛んで行ったりする様子を言葉かけしながら動きを引き出す。
10：30	魔法の乗り物の絵カード（3枚）	○魔法遊園地で遊ぶ。 ・ジェットコースター ・コーヒーカップ ・メリーゴーランド等	・魔法遊園地に到着したことを伝え、いろいろな魔法の乗り物に乗って遊ぼうと誘う。 ・魔法のジェットコースターは、ちょっと不思議な走り方をすることを伝え、どのように動くかを自分たちで考えるように話す。 ・それぞれに考えた方法で、動いてみることを伝え、子どもの動きに合わせて伴奏になるような言葉かけをする。 ・次の魔法のコーヒーカップやメリーゴーランドもジェットコースターと同様に、自分たちで動きを見つけて動いてみるように誘う。 ・動いたものを友達同士で見せ合い、面白い動きに対しては皆で動いてみようと誘う。
10：38		○魔法の国から園に戻る。	・魔法の呪文を覚えているか確認し、皆で呪文を唱えて、園まで飛んで帰ろうと誘う。 ・飛んでいる途中にも景色が変わったり、園が近づいたりしている様子を言葉かけし、雰囲気を作っていく。
10：40		○保育者の前に集まって、保育者の話を聞く。	・園に戻ってきたことを伝え、保育者の前に集まるように声をかける。 ・本日の活動を振り返り、魔法がかかって動くためにどんな工夫をしたかを確認し、次回の活動への期待感を引き出す。

（右側縦タブ）
(1) 魔法使いと遊ぼう

0～1歳頃

2～3歳頃

4～6歳頃

（2）　おばけと遊ぼう

●0〜1歳頃の遊び

・箱の中にあるおばけの絵などの描かれた紙・布を引っ張り出して遊ぶ
（箱を布や紙で覆い、口をゴム等しばっておき、引っ張り出せるようにしておく）
・不思議な音を鳴らして楽しむ
（プリンやゼリーの空き容器にビーズや豆・砂・石・小さな鈴などいろいろな素材を入れて、不思議な音を鳴らす）
・おばけの缶詰を空ける
（開けやすい蓋をした缶に、スポンジで作成したスポンジおばけを一杯詰め、開けた時におばけが出ることを楽しむ）　　　　　　　　　　　　　　　　　　　　　　　　　　　　　（p.139参照）
・大きい布や紙を揺らし、触ったり跳び上がってつかんだりすることを楽しむ
・絵本を読んでもらう（絵のみ。保育者が自分のイメージで言葉をつける）

●2〜3歳頃の遊び

・おばけの絵本を読む
　♪〜「おばけなんてないさ」を歌う
・シーツおばけになろう
（不用になったシーツを4分割して利用し、眼の所を空け、おばけになって遊ぶ）
・おばけゲームをする
（保育者が箱の中から取り出すおばけの絵やイラストを見て、真似して遊ぶ）
・おばけごっこをする
（好きなおばけになって遊ぶ。一本足傘おばけ・ぬらりひょん・一反木綿・まっくろくろすけ etc.）
・「おばけの森で遊ぼう」
（おばけの絵を描いた傘袋をふくらまし、床にいろいろな高さに立てる。その中でおばけになって楽しむ　　　（p.140参照）

●4〜6歳頃の遊び

・おばけ作りを楽しむ
（身近にある素材を使って、おばけ作りをする）
・おばけの音を作ろう
（身近にある素材を使って、おばけのような不思議な音を探したり、作ったりし、それを使っておばけに変身する）
・おばけの運動会
（いろいろなおばけが集まって、運動会ごっこをする）
・「おばけのファッションショー」の身体表現遊びをする
（おばけの衣装作って、おばけごっこをする）
・『おばけのバーバパパ』を読んで、面白かった場面での表現遊びをする　　（p.141参照）
・『おばけのパーティ』（ジャック・デュケノワ／大澤晶訳：ほるぷ出版）を読んで、場面に合わせて身体表現遊びをする

●工夫から発展へ

・保育室やリズム室でハロウィンパーティの会場作りをする。かぼちゃおばけや白いシーツでおばけに変身する。友達とお互いに顔を描き合ったりして楽しむ。会場作りやおばけ作りの後、友達と踊ったり驚かしたりして楽しむ
・おばけに変身した後、フワフワ飛んだり、いろいろなものに変身して楽しむ。自分たちで考えた場面を表現して遊ぶ

［2〜3歳頃の遊び］　おばけの缶詰で遊ぼう

期日　7月10日（火）		氏名　○○○○		
子どもの姿 ・飛び出す絵本や人形に興味を示している。 ・保育室にある缶詰や箱に気づき、開けようとしたりしている行動が見られる。		つばき組	2歳児	10名
		主な活動 　箱や缶の中から出る「おばけ」に変身して遊ぶ		
		ねらい 　びっくり箱のような仕掛けを楽しみながら「おばけ」に変身することを楽しむ。		

時間	環境構成	予想される子どもの活動	保育者の働きかけと配慮
10:00	いろいろな大きさの缶（紙箱でもよい。開けやすい蓋のものを準備する。）	○保育室に、いろいろ缶があることに気づく。 ○保育者が缶の一つを開けるのを見る。	・大小の缶を準備し、子どもたちが気づくように、言葉かけをする。 ・何が入っているのか子どもたちに語りかけ、開けてみるように促す。
10:05	スポンジで作成した「スポンジおばけ」を一杯詰め、開けた時にスポンジが飛び出すよう工夫する。	○様々な大きさの缶や箱を開ける。次々に缶を開けてみる。 ○出てきた「おばけ」に触わる。 ・コロコロ ・ツルリン ・ピョ〜〜ン　etc.	・保育者が、掌に小さくしたスポンジおばけを持ち、開いた時に大きくなるように驚くように演じることにより、期待を高める。 ・後の身体表現につながるように、擬音語・擬態語を挿入する。
10:10		○開けるたびに出てくる「おばけ」の形や動きを模倣する。 ・ふとっちょおばけ ・ヒョロリおばけ ・好きなおばけ	・保育者が缶を開けるタイミングに合わせ、飛び出す所や出てきたおばけのポーズを取ったりする。
10:15	スポンジの入ってない、缶や箱を準備する。（同時に、缶に見立てた筒状のダンボール（2〜3人が入れる大きさのダンボール）		・自由な発想を促すために、何も入ってない缶や箱を開け、どんな「おばけ」になるか尋ね、多様なイメージを想起することができるように援助する。 ・缶に詰められる所から、ポンと解放される所を動きにしやすいように、缶に見立てたダンボールに入ったり出たりする環境を準備する。 ・缶に見立てたダンボールから出る時、タイミング良くおばけになれるように援助する。 　例：「今度は好きなおばけさんになってねいい？　開けるよ　そ〜れ　ポン！」
10:20		○活動の振り返りをする。	・活動の面白かった点について尋ねる。 ・個人やクラス全体が頑張ったことをほめる。 ・次回もさらに工夫して取り組むことを伝える。

2〜3歳頃の遊び　　おばけの森で遊ぼう

(2)
おばけと遊ぼう

0〜1歳頃

2〜3歳頃

4〜6歳頃

期日　10月26日（水）	氏名　○○○○		
子どもの姿 ・布をかぶっておばけになって遊んでいる。 ・傘袋を膨らましたり、棒状にして遊んだりしている。 ・『おばけのバーバパパ』（アネット・チゾンとタラス・テイラー／山下明夫訳：偕成社）等の絵本を何度も読んでいる姿がある。	たんぽぽ組	3歳児	20名
	主な活動 　傘袋を利用し、様々なイメージを生かして身体表現を行う		
	ねらい 　傘袋のおばけに変身して、自由に遊ぶ。		

時間	環境構成	予想される子どもの活動	保育者の働きかけと配慮
10：00	おばけの絵を描いた傘袋（おばけの木）をふくらまし、床に立てておく。	○傘袋に描かれたおばけの絵を見て回る。	・傘袋をいろいろな高さに立てたり、2・3本まとめて立てたりし、空間に変化を持たせておく。
10：02		○先生のお話を聞く。	・様々な高さや顔が描かれた傘袋の森で遊ぶことを伝える。
10：05		○おばけになって遊ぶ。	・非日常の世界で遊べるように、子ども全員に「おばけ」に変身できるような呪文や言葉をかける。 「おばけさんに、へ〜〜んしん！」
		・おばけの木に隠れたり、飛び出したりして遊ぶ。	・おばけの浮遊感が出るような口リズムで身体表現を支える。 ・様々な高さや方向に動けるように、方向をイメージできるような言葉かけをする。 「こっちにもおるよ。あの木のところまで飛んで行こう！　ふわ〜りふわふわ！」
10：10	効果音を使用する。	○好きなおばけになって遊ぶ。	・おばけの木を利用して、隠れたり出てきたりできるような言葉かけをする。 ・子ども自身のアイデアや発想が活かせるように援助する。 ・余り活発に動いていない子どもには、一緒に寄り添い、大きな動きになるように誘ったり、イメージを深めたりできるように援助する。
10：15		○おばけになって飛びながら園へ帰る。	・上空から地上に舞い降りるようなイメージになるように言葉をかける。 「あ、○○園だ！　園長先生もいる。みんな降りていこう！　ふわっとね。」
10：18		○活動の振り返りをする。	・次回は、どのような「おばけの森」で遊ぶか子どもたちに問いかける。そのアイデアを生かし遊ぶことを伝える。 ・精一杯遊べたことをほめ、達成感を感じつつ終了できるように心がける。

4〜6歳頃の遊び おばけのバーバパパと遊ぼう！

期日： 10月15日（金）	氏名 ○○○○		

子どもの姿	あやめ組	5歳児	30名
・『おばけのバーバパパ』（アネット・チゾンとタラス・テイラー／山下明夫訳：偕成社）の絵本を何度も読んでいる姿がある。 ・以前作ったおばけの衣装を着て、おばけごっこを楽しんでいる。	**主な活動** 　絵本のストーリーを利用し、様々なイメージを生かして身体表現を行う		
	ねらい 　柔軟に様々なものに変化する「おばけ」に変身して、自由に遊ぶ。		

時間	環境構成	予想される子どもの活動	保育者の働きかけと配慮
10：00	絵本 登場人物を大きく描いたカード	○保育者の前に集まる。	・絵本の絵が子どもに見やすいように提示する。
10：02		○『おばけのバーバパパ』の絵本を見る。ストーリーを聞く。	・『おばけのバーバパパ』の絵本を読む。表情豊かに読むことを心がけて、変身や動きのある場面では口リズムを添える。
10：07		○絵カードを見ながら、ストーリーを振り返る。	・登場人物の形や動きがイメージできるように、絵カードを示す。
10：10	各場面を示す音を電子ピアノやCD	○お話の中の「おばけ」になって遊ぶ。 ・バーバパパが土の中から生まれる場面 ・大きくなる場面	・フニャフニャと形を変えるバーバパパのように柔軟に形を変えることを楽しめるように援助する。 ・なりきって動けるような擬音語・擬態語を付け、イメージを深める。
		・フラミンゴに変身する場面	・各場面がイメージできるような音源を準備したり、「まるまる、フニャフニャバーバパパが大きくなるよ。あ、今度はフラミンゴに変わったよ。フニュフニュ〜」などの言葉かけをしたりする。
		・ラクダに変身する場面 ・階段に変身する場面 ・パーティを楽しむ場面	・大きい動きや小さい動きができるように、擬音語・擬態語の発声に変化を持たせる。 ・階段を上ったり下ったりしている様子が表現できるようにイメージを引き出す言葉かけをする。 ・イメージを共有して動けるように「パーティは楽しいね。あっ、体が浮いてきた」などの言葉かけをする。
10：25		○活動を振り返る。 ○次回の活動を知る。	・十分に活動できたことをほめる。 ・次回は、どんな絵本を読み、その世界で遊びたいか子どもに問いかける。出てきた意見で次回に取り組むことを伝える。 ・発展的活動への期待を高める。

（3）　物語から身体表現へ

●0〜1歳頃の遊び

・保育者に絵本を読んでもらう
・読んでもらう時に「言葉のリズム」に合わせて体も一緒に動かす
　　言葉がシンプルで平易な絵本を選択する
　　短い物語を選択する
　　動きをイメージしやすいオノマトペの記載してある絵本を選択する
・だるまさん・だるまさんの・だまるさんと（かがくいひろし著：ブロンズ新社）
　　　「だ・る・ま・さ・ん・が……どてっ！　だるまさんが　ぷしゅ〜〜……」
・おしくら　まんじゅう（かがくいひろし著：ブロンズ新社）
　　　「おしくらまんじゅう……おしくらこんにゃく……」リズミカルに読んであげる

●2〜3歳頃の遊び

・保育者に絵本を読んでもらう
・好きな絵本を見る
・0〜1歳と同様に、読んでもらう時に「言葉のリズム」に合わせて体も一緒に動かす
・次々にいろいろなものが登場する絵本を使って、様々な題材に変身して遊ぶ
☆『たまごの絵本』（いしかわこうじ著：童心社）
　卵が割れて、次々にいろいろな赤ちゃんが生まれる
☆『かいくんのおさんぽ』（中川ひろたか著：岩崎書店）
　おさんぽの途中にいろいろなものが飛んでくる。飛んでくるものに変身する
　「へ〜しん！ポーズ（形）」だけでもよい。なれたら形から動きへ導く
☆「まるまるころころ」で遊ぼう
　　　　　　　　　　　　（p.144参照）
　丸がいくつもつながっていろんなものに変身する

●4〜6歳頃の遊び

・保育者に絵本を読んでもらう
・自分たちでも好きな絵本を見る・読む
・繰り返して絵本を読む
・覚えたお話通りに、場面に応じて（全員）で身体表現を楽しむ
・お話にそって、役割分担をして身体表現を楽しむ
・『おにぎりくんがね・・』（とよたかずひこ：童心社）を読んで、おにぎりのできる過程を、絵本の中の言葉のリズムと身体表現の動きのリズムで楽しむ　　（p.145参照）
・『ぐりとぐら』（おおむらゆりこ：福音書店）この絵本を何回も読み、楽しいところを日頃から何度も身体表現することを楽しむ。カステラをつくる過程も家庭で十分観察したり、家族と楽しんできたりすることを前提とする。また、カステラができ上がることを期待する動物たちにもなりきって表現する　　　　　　　（pp.146-147参照）
卵の殻を使った後の場面を、段ボール等を利用して乗り物に乗るイメージで表現する

●工夫から発展へ

・幼児が飽きずに何回も好んで読む絵本から選択し、日頃から場面に応じた身体表現を楽しむ
・発表会等の舞台でお友達や保護者の前で発表する。物語によっては「オペレッタ」としてセリフや伴奏音がすでに挿入された題材もある。そのような教材を利用してもよい。ただし、身体表現はできるだけ日頃の幼児独自の表現を取り入れる。VTR等で記録しておくのも一つの方法である。保育時間に表現した動きを、保育者がまとめ発表までに繰り返し練習することも必要である

0～1歳頃の遊び　　だるまさんが

日　　時	5月20日（金）　10：00～10：15	指導担当保育士	○○○○
人　　数	男児7人　女児8人		
年　　齢	1歳3か月～1歳10か月	実習生	○○○○　㊞

子どもの姿	保育者が読む絵本『だるまさん』のシリーズ（かがくいひろし）に興味を示している。絵本の中でも、リズミカルな言葉に合わせて体を動かすことを楽しんでいる。
活動のテーマ	だるまさんで遊ぼう
活動のねらい	言葉のリズムの面白さを元に、リズミカルに動くことの心地よさを味わう。
活動の内容	絵本『だるまさん』を見る。 『だるまさん』のリズミカルな言葉に合わせて、体を動かす。 いろいろなだるまさんになって遊ぶ。
準備物	マット数枚

時間	環境構成とその配慮	予想される子どもの姿	保育者の援助と留意点
10：00	保育者を囲むように座る。	○『だるまさん』の絵本を見ながら、保育者の言葉を楽しむ。	・絵本を楽しんで見られるように、保育者自身もワクワクした様子で話したり、絵本を読んだりする。 ・「だ・る・ま・さ・ん～～さんが～～～ドテッ！」等、明瞭にゆっくりと読み上げ、ページによっては読み上げるリズムを変えてみる。
	だるまさんの絵をホワイトボードに貼る。	○だるまさんになって遊ぶ。 ・言葉のリズムに合わせて上体を動かす。	・絵本を読みながら、体を動かしたり揺らしたりする。 ・次に出てくるだるまさんについて問いかけ、次のページへの興味を引き出す。
10：05		・全身を使って大きな動作でだるまさんの動きをする。	・「だるまさんが！○○」の身体表現につながるように、絵を見せながらリズムを誇張して読み、上体の動きを引き出す。
10：07		・保育者の言葉かけ（オノマトペ）に合わせて動く。	・絵本に出てきた身体部位や動き方を誇張して提示する。 ・絵を出す時は、そのものの動きのリズムを感じられるようにする。 ・「ドテッ！」「びろ～ん！」「ぷしゅ～」等、楽しく身体表現できるように、言葉の抑揚に留意した言葉かけをする。
10：12		・いろいろなだるまさんに変身する。	・子どもから出てきただるまさんを紹介し、一緒に動くことへ誘い、楽しんで動けていることを確認しながら言葉かけをする。
10：15	保育者の前に集まり、話を聞く。	○本時の活動を振り返り、保育者の問いに応える。	・今度は『だるまさんと～』の絵本を読むことを知らせて終わる。

2〜3歳頃の遊び　　　　**まるまるころころ**

期日　7月15日（火）	氏名　○○○○		
子どもの姿　保育者が読む絵本『まるまるころころ』（得田之久：童心社）に興味を示している。　絵本に出てきた言葉のリズムを楽しみ、保育者のまねをしたり、その言葉に合わせて動いてみたりしている。　絵本に出てくる丸いものを題材に、好きなシールを貼りながらお面を製作している。	ひなげし組	3歳児	25名
	主な活動　丸いもののイメージを膨らませ、身体表現をする		
	ねらい　絵本に出てきたリズミカルな言葉に合わせて動いたり題材をもとに変身したりすることを楽しむ。		

時間	環境構成	予想される子どもの活動	保育者の働きかけと配慮
10：00	保育者を囲むように園児が集まる。	○『まるまるころころ』の絵本を見る。	・保育者を囲んで集まるように知らせる。 ・絵本に出てくる言葉のリズムを大切にして絵本を読む。
10：05	各場面のカード ホワイトボード	○各場面のカードを見る。 ・保育者の問いに応える。	・各場面を振り返りながら、絵本に出てくる題材（物・動物・生き物等）を確認していく。 ・絵本の各場面のカードを順番にめくりながらホワイトボードに貼っていく。
10：07	各場面のカードを利用して雰囲気を高める。	○絵本に出てくる題材に変身する。 ○まるまるから、いろいろなものの表現に取り組む。	・各場面のカードを基に、変身して動くことを提案する。 ・「きいろいま〜〜る…」等、色のところは、言葉のリズムに合わせて、自由に動くように伝える。
10：12		○おだんごに変身する。 ・転がる。 ○ぶどうに変身する。 ・数人で集まり、ぶどうの房のように揺れる。 ○あおむしに変身する。 ・這ったり、走ったりする。	・「3人でおだんごだ〜」等、3人ずつ集まることを伝え、3人でおだんごポーズをとったり、転がったりするように誘う。 ・「ころころころん　ころころころん　ぶどうになったね〜」等の言葉をかけ、ぶどうになって転がる動きを引き出す。 ・保育者や子どもの発想で、「にゅっくにゅっく　ふにあ〜〜」と言葉のリズムを作り、あおむしの動きを引き出す。
10：15		○てんとう虫に変身する。 ・空を飛んでいるように走る。 ○パンダに変身する。 ・ゆっくり歩く。 ・でんぐり返しをする。 ○ちょうちょうに変身する。 ・ゆらゆら飛ぶ。 ・花に止まる。	・「お空へ急発進！飛んで葉っぱの上に着陸」等、方向や高さを変えるように言葉かけをする。 ・「ずっし　ずっし　ずっしん」のイメージから、パンダの歩きやでんぐり返しなどを引き出す。 ・どんな動きができるかを子どもに問いかけ、子どもからアイデアを引き出す。 ・変身後、どんな所を飛びたいか問いかけ、イメージを引き出す。 ・「ひまわりの花に止まれ！」で花をイメージして止まれたか確認する。
10：20		○保育者の所に集まり、話を聞く。	・次回も、新しい絵本で表現を楽しむことを話して終わる。

4～6歳頃の遊び　おにぎりを作ろう

期日　10月20日（水）	氏名　○○○○		
子どもの姿 　保育者が読む絵本『おにぎりくんがね』（とよたかずひこ：童心社）に興味を示し、ごっこ遊びの中でおにぎり作りを楽しんでいる姿が見られる。 　絵本に出てきたリズミカルな言葉を模倣して楽しんでいる姿が見られる。	アイリス組	4歳児	30名
	主な活動 　おにぎりを作る身体表現遊びをする		
	ねらい 　絵本に出てきた言葉のリズムを用いて、動きを見つけたり、イメージしたものを表現したりすることを楽しむ。		

時間	環境構成	予想される子どもの活動	保育者の働きかけと配慮
10：00	保育者を囲むように園児が集まる。	○『おにぎりくんがね・・』の絵本を見る。 ・座ったまま、絵本を見ながら体を動かす。	・身体表現に適した場面をイメージできるように絵本を読む。 ・絵本に出てくるリズミカルな言葉かけに合わせて体を動かすように誘う。
10：03	絵本の場面からおにぎりができるまでの手順のカードをホワイトボードに貼っておく。	○絵本に、どんな場面が出てきたかを振り返る。	・おにぎり作りの時の話をして、おにぎりを作る手順を問いかける。 ・ホワイトボードに貼られた絵を見ながら、体を動かすことができるように、抑揚の効いた言葉をかけて強調する。 ・今からおにぎりを作ろうと誘い、その場に立つように伝える。
10：05		○米を洗う。 ○米を炊く。	・「しゃかしゃか　キュキュッ！」の言葉かけに合わせた動きを引き出す。 ・米を炊き、おにぎりができる手順に従って動きを楽しめるように言葉かけをする。 ・ゆらゆら湯気があがる様子を楽しめるように言葉をかける。
10：08		○おにぎりになる。 ○具材を入れる。 ○海苔を巻く。 ○食べる。	・保育者がおにぎりを握ったり、子ども同士で握り合ったりするように誘う。 ・おにぎりに何の具を入れるか考え、それぞれの具の特徴をポーズや動きで表現できるように言葉かけをする。 ・海苔を身体に巻きつける場面をイメージできるように言葉かけをする。 ・クルクル回ったり、横転したりしながら海苔を体に巻きつける表現を引き出す。 ・大きな動作で食べる表現ができるように言葉かけをする。
10：13		○手をつないでおにぎりダンスを踊る。	・でき上がったおにぎり同士で手をつなぎ、ダンスをすることを提案する。 ・回ったり、跳んだり、中心へ寄ったり変化をつけて動きを提示したり誘導したりする。
10：15		○活動の振り返りをする。	・本時の活動を振り返り、楽しかったことや頑張ったことなどを話し合う。 ・次はどんな絵本で遊びたいかを尋ね、次回への期待を持たせる。

4〜6歳頃の遊び　　お料理しよう

期日　1月25日（木）	氏名　○○○○		
子どもの姿 　保育者が読む絵本『ぐりとぐら』（なかがわえりこ とおおむらゆりこ：福音書店）に興味を示し、絵本のストーリー展開を楽しんでいる。 　絵本に出てきた料理等をままごと遊びで演じて楽しんでいる姿が見られる。	アイリス組	5歳児	30名
	主な活動 　絵本を読んで、その内容に沿った身体表現をする		
	ねらい 　絵本の内容と身近な生活体験を基盤に、料理作りの過程を通して、体で表現することを楽しむ。		

時間	環境構成	予想される子どもの活動	保育者の働きかけと配慮
10：00	保育者を囲んで座る	○『ぐりとぐら』の絵本を見る。	・保育者の所に集まり、絵本が見えるように座ることを伝え、絵本を読む。
	大きなカード	○場面に応じたカードを見る。	・絵本の場面ごとに作製した大きなカードを、ホワイトボードに貼っておく。 ・カードを見ながら、絵本の内容を振り返り、今から場面ごとに動いて遊ぼうと提案する。
10：05		○森を散歩する。	・楽しそうに歌いながあちこち散歩する様子を表現し、動きを引き出す。 ・進む方向について問いかけ、子どもと応答する。
		・どんぐりになって遊ぶ。	・時には空を見上げたり、地面のどんぐりに注意を向けられるように言葉かけをする。
		・森の中で見つけた他のものになって遊ぶ。	・森の中で何を見つけたか問いかけ、子どもたちから出てきたものになって遊ぼうと誘う。
10：07		○大きな卵になる。 ・5〜6人のグループに分かれる。	・5〜6人のグループに分かれて活動することを伝え、分かれているか確認する。 ・子どもたちがワクワクした気持ちを持てるように卵のカードを出す。
		・グループで大きな卵を考え、友達と一緒に表現する。	・発見した大きな卵をイメージして、みんなで大きな卵を作ってみようと誘う。 ・卵の特徴を活かした表現が引き出せるように言葉かけをする。
10：10		○卵を運ぶ。 ・壊れやすい、重い、ツルツル滑る等の表現を楽しむ。	・卵を運ぶ場面をイメージし、壊れやすい、重い、ツルツル滑る等の動きに合わせて、オノマトペを使って、その場の雰囲気を高める。 ・グループで運ぶ卵がぶつかり合うような言葉をかけ、気持ちを膨らませる。
10：12		○カステラを作る。 ・卵を割る。	・大きな卵になる動作や割る動作を役割分担して表現できるように進める。

146

時間	環境構成	予想される子どもの活動	保育者の働きかけと配慮
10：14		・材料を混ぜる。 ・卵の中に、小麦粉、砂糖、牛乳を混ぜて動きを工夫する。	・カステラを作るために必要な材料を入れて混ぜる動きを引き出す。 ・水平方向ばかりの動きにならないように、ボールを揺らしたり、材料を上方向に放り上げたり、混ぜたりする多様な動きを楽しめるように言葉かけをする。
10：20	カステラが焼きあがる	・蓋をしてふっくら焼きあがるカステラを表現する。 ○匂いに連れられて集まってくる様々な動物たちに変身する。 ・腹ペコ象になる。 ・腹ペコ鳥になる。 ・なりたい動物になる。 （象、猪、熊、ライオン、リス、バンビ、蛙、鳥、ワニ、蟹、亀、トカゲ、蛇、モグラ等）	・鍋の中で材料がぶつかりあいながら徐々に膨らんだり、時折縮む動作を引き出し、カステラがふっくら焼きあがる場面を楽しめるように進める。 ・リズミカルな言葉かけをしながら、子どもの豊かな表現を引き出す。 ・腹ペコの動物がカステラの匂いにつられてやって来たことをイメージできるように話し、それぞれ動物になって動いてみようと誘う。 ・はじめに腹ペコの象で、力なく歩いたり、鼻を揺らしたりする様の表現を引き出す。 ・空をフラフラと力なく飛んでいる鳥をイメージして、食べ物を探している様子を言葉かけする。 ・イメージを膨らませながらカステラの匂いにつられて飛んでくる鳥の素早い動きを引き出す。 ・自分でなりたい動物を決め、それぞれの動物になって隠れておくように提案する。 ・腹ペコの動物達が匂いを嗅ぐ様子や、動物の特徴をとらえて動くように伝え、一匹ずつ動物を呼びながら、その特徴ある動きを引き出せるように言葉かけをしていく。 ・カステラの周りに集まり、座るように誘う。
10：35		○みんなでカステラを食べる動作を楽しむ。	・保育者のリズミカルな言葉かけや、大きく食べる動作をすることで、子どもからも大きな動作を引き出し、より楽しめるように進める。 ・美味しいカステラをお腹いっぱい食べた満足感を味わえるように話をする。
10：38		○卵の殻で、車を作り、運転やドライブを楽しむ。	・子どものアイデアで自由に乗り物を作って遊ぶように提案する。 ・できた乗り物を使って、子ども同士で役割を決め、交代しながら遊び続けられるように援助していく。 ・子ども一人一人が遊びを楽しめていることを確認しながら、必要に応じて、その場の雰囲気が盛り上がるように言葉かけをする。
10：45	先生の所に集まり、話を聞く	○本時の活動を振り返り、余韻を楽しむ。	・本時の活動を振り返りながら、場面ごとによく頑張ったことをほめ、達成感を持って終了できるように配慮する。 ・次回も、新しい絵本を取り上げて遊ぶことを知らせ、どんな絵本で遊びたいかを尋ね、次回の表現遊びに期待感を持たせて終わる。

第6章　身体表現遊びを発表の場へ

　保育所・幼稚園・幼保連携型認定こども園では、子どもの日々の生活の充実を図るとともに、その生活のまとまりや潤い及び新鮮さをもたらす様々な行事が実施されている。入園式・運動会・生活発表会等園内で活動されるもの以外に、地域交流として高齢者の施設訪問や伝統行事への参加等園外で活動されるものも多くある。一人一人名前を呼ばれ大きな声で返事をしたり、友達と思い切り走り競い合ったり、地域の人々と挨拶をして心通わせ遊んだり、これら様々な行事での体験は、子どもの感性の深まりや社会性の発達さらには達成感や有能感など多くの成長が認められる。様々な行事は子どもの生活文化を広め深める大切なものといえる。子どもの日常生活に、前向きに取り入れたいものである。

　行事への参加は、子どもの発達を根幹に据え、その「目的」や「ねらい」を明らかにして、日常生活の延長線で子どもが主体的に参加することが望まれる。そして行事を発表の場ととらえる時、保育者は長期的な保育計画の中で、見通しを持って子どもの主体的な保育活動をまとめるとよい。さらに保育者は保育活動の中で子どもの姿をタイムリーにとらえ、何を感じさせ何を育てたいのかを振り返りながら、発表内容を子どもとともに創りあげるとよい。

　行事の取り組みについては、結果の善し悪しを追求して"見せる"意識が先行しすぎてはならない。また繰り返しの練習を強いるなどの行事のための活動が、子どもの生活リズムを乱しすぎないように注意を払わねばならない。あくまでも日常活動の盛り上がりとしての発表の場であることが望ましい。しかし「練習はしない。教え込まない。子どもたちの好きなようにする」では、子ども自身の育ちの芽を十分伸ばしていない場合がある。保育者は一人一人の発達を十分考慮して「発表する」ことを子どもたちに意識化し、友達や保育者と一緒に目標に向かって進む意欲を喚起するとよい。発表に向けて、皆で工夫し協力し合うプロセスの中で子どもは大きな成長を遂げるのである。

　発表を何よりも楽しみにしているのは保護者をはじめ周りの大人たちである。保護者は発表の場で自分の子どもの成長だけではなく、一生懸命頑張っている子どもや、恥ずかしくて十分発表できない子ども、そして観客を見て驚き泣き出してしまう子ども等、いろいろな子どもの姿を見ることで、よりよき子ども理解者となる。さらに、この大人たちの眼差しが子どもの意欲の高まりへとつながる。幼い子どもの表現は、発表者と受け手が近い

距離にあり、受け手がその表現を十分受け入れることで、小さな表現がより大きく膨らむものである。子どもは発表することを通して、自信を持ち一段とたくましく、表現することを楽しめるようになり友達との関わりも一層深まる。

発表プログラム作成については、観客に子ども一人一人の思いが十分届くよう、プログラムの中に発表にいたるまでのプロセスや子どもの感じたことや考えたことを記載するとよい。このことにより、観客は子どもの表現に期待を膨らませ子どもの表現をしっかり受け止めるとともに、自らもイメージを描き表現の世界に浸る楽しさを味わうことが期待できる。

次に、長期的な保育計画の中で、子どもと保育者が一緒になって創った生活発表プログラム「みんな生きているよ」の、プログラムと保育活動の主なプロセスを紹介する。

★☆★事例「みんな生きているよ」★☆★

当園は一年間の保育のまとめとして、子どもたちの豊かな感性の育みを目的に、3学期の生活発表会では子どもと保育者が一緒に創る身体表現遊びを行っている。今年度のテーマ「みんな生きているよ」は、5月保育園全体が盛り上がった「ツバメの巣」〈エピソード2（p.47参照)〉をきっかけに、「命の大切さをしっかり感じ受け止める」をねらいとして発表に至った。

プログラム

みんな生きているよ・愛

「ほいくえんのなかで生きているものなーに？」「おともだち、せんせい、あかちゃん、だんご虫、」「そうね、それから？ホラ、はるにたねをうえなかったかしら？」「アッ、とまと、きゅうり、えだまめ・・・・」「おてらのもんに、ツバメの赤ちゃんもいたよ」

子どもは環境を通して育ちます。身の回りのいろいろなできごと、そして遠い国で起こっている悲しいできごと（アフガニスタンの戦争）さえも決して無縁ではありません。
このような時、命の大切さ、生きることの素晴らしさ、愛情に育まれる嬉しさなどを子どもと先生が一緒になって、探り、認め合い、喜びを感じあいながら身体表現で遊びます。
内容はこの一年間保育園生活で体験したことを中心に、「みつけた・なあに・それから」と皆でやりとりしながら創りました。

❋ **地球の誕生**　　　　　　　　　**年長児・保育士**
♪この世の始めに光があって・・・・
保育士による影絵と子どもたちの光と水の身体表現です

❋ **地球に生まれた生きものたち**　　　**年中年長児**
生まれたよ!! いろいろな生きものの表現です
おてらのもんのツバメの成長の表現です

❋ **お友達といろいろ遊んだよ**　　　　**年長児**
大好きなお友達、もうすぐお別れ、いろいろ遊んだね
コマ回し・凧揚げなど皆と一緒に遊んだものの表現です

❋ **宇宙人の子どもは？**　　　　　　　**年長児**
広い宇宙にも宇宙人の子どもがいるのかな？何をして遊ぶのかな？
イメージを膨らませ宇宙人の子どもになりきった表現です

〈発表までの展開〉

月日	主な活動	気づいたこと	表現の様子
第一段階　いろいろな生き物を見つける（1月第3〜4週）	・「たまごたまご」の歌遊びを手がかりに、たまごから生まれるものを表現して遊ぶ。	歌いながらたまごから生まれるものをイメージして表現する。	小動物→小さなたまごから生まれ、小さな声で歌う 大動物→大きなたまごから生まれ、ゆっくり歌いながら動く ひよこ→餌を食べる・親鳥の後を追う・かくれる
	・「それからどうしたの？」と「つぎたし話」で、表現を深める。	餌を食べる・遊ぶ・隠れるなどに気づき表現する。	
	・保育園のなかで生きているものを見つけ表現して遊ぶ。	赤ちゃん・朝顔・小鳥など身近なものを見つける。 動きを友達と話し合ったり、体で動いてみたりして絵に描く。描いた絵を見てさらに全身で表現する。	赤ちゃん→赤ちゃん言葉でヨチヨチ歩き 種まき・発芽・水やり・支え棒・てんとう虫・おいしかったイチゴ・大葉の香り・台風など
	・みつけたものやイメージした生きものを絵に描いたり、体で表現したりする。		
	・いろいろな生きものの誕生や成長する様子を表現して遊ぶ。	園庭の桜の木や育てたイチゴ・キュウリ・朝顔など植物のことを話題にして表現する。	朝顔→発芽・つるがのびる・支柱に絡まる・風に揺れる・花が咲く イチゴ→つるが伸びる・青くてかたいイチゴ・わらの中の赤いイチゴ・てんとう虫がくっつく
	・「今日の桜の木は？？」	園庭に出て桜の木を観察する。育てた野菜を表現する。	桜の木→寒そう・しょんぼりしている
第二段階　ツバメの巣で遊ぶ（2	・保育園の周辺の生きものを観察し表現して遊ぶ。	春のツバメのことが話題となり、ツバメの表現遊びをする。（年長児が親ツバメ・年中児が子ツバメになり8人家族で遊ぶ）	巣作り→椅子やソフトブロックで作る 子ツバメの誕生→巣の中でたまごを産む・たまごを温める 餌を与える→親ツバメが繰り返し餌を運び子ツバメはピピィと鳴いて餌を求める
	・ツバメの家族の表現をお互いに見合う。	他のグループの表現に発見があり、やってみようとする。	巣立ち→親ツバメが子ツバメに飛び方を教える なかなか飛べない子ツバメ→飛びながら転がる 皆で子ツバメを助ける
	・「それからどうしたの」と言葉をかけ、表現したいものを引き出して遊ぶ。	年長児が中心となって皆で話しあう。	

月第1週）	・子どものイメージがさらに膨らむよう保育者が言葉かけをして、表現を楽しい活動へと導く。 例「一番小さなツバメさんが巣から落っこちちゃったよ大変大変！！」等	保育者の言葉かけに反応して、自分たちなりに、楽しい表現の場を見つけて遊ぶ。	救急車になる おんぶして飛ぶ 皆で抱える
第三段階　表現する内容を広げる（2月第2週）	・「愛よみがえる地球」の歌を歌う。 ・知っている国を地球儀で探す。 ・効果音を使用して、地球の誕生やいろいろな生きものを表現して遊ぶ。	歌の内容から地球の誕生や地球にはいろいろな国があり多くの人たちが生きていることに興味関心を示す。特にアフガニスタンに興味を示し、アフガニスタンの子どものことについて話をする。音のイメージで一人一人自由に地球の誕生を表現したり、話題になったジャングルの表現を楽しんでいる。	地球の誕生→光・水・風・大洋・海・空・空気等 太陽→輝く・キラキラ・エネルギー 海→広い・大きな波・ゆっくり流れる・ザブーン 風→ヒューン・ヒュー ジャングル→ゴリラ・大蛇・ウパウパ族・太鼓・槍を持って踊る
第四段階　発表の内容を決める（2月第2週）	・宇宙についての話をする。 ・宇宙飛行士のことや宇宙での生活の仕方などについて本を見ながらイメージを膨らます。 ・宇宙を表現して遊ぶ。 ・空き箱を利用して宇宙人に変身して遊ぶ。 ・テーマ「みんな生きているよ」に向けお話作りをする。 ①　表現したい場面を出す。 ②　どんなところが面白いか話す。	宇宙をイメージする。宇宙について知っていることを互いに知らせあう。宇宙での動きは地球よりゆっくり動くことに気づく。子どもの提案で教室を暗くして宇宙で遊ぶ。様々な箱をからだにつけて宇宙人に変身する。世界や宇宙の広さに気づきテーマ「みんな生きているよ」を見つけお話作りをする。	宇宙→暗い・静か・宇宙人・宇宙人の子ども・宇宙船・ブラックホール等 宇宙人→ゆっくり動く・宇宙語を話す 宇宙人の子どもの遊び→おちゃらか・なべなべ・だるまさんが転んだをスローモーションで表現する 箱を身に着け様々な宇宙人になる
第五段階　発表の表現を	・発表会のストーリーを作りながら表現して遊ぶ。	生活発表会に向けて皆でストーリーを作り、さらに一つ一つの場面の表現を深め表現することを十分楽しむ。	―ストーリーのまとめ― **地球の誕生** 光と水で地球の誕生を表現する **地球に生きているもの** お寺の門のツバメの成長を表現する

深める（2月第3〜4週）	・音や素材をいろいろ工夫しながら表現を楽しいものにする。 ・表現したい場面が楽しいものになるよう、さらにイメージを深めて表現を工夫する。 ・皆で話し合いながら、表現の役割を決める。 ・発表会が盛り上がるように、事前の準備について話し合う。	音のイメージをとりいれて表現を深める。 友達同士で見せ合ったり、話し合ったりする。 本を見たり、宇宙のVTRを見たりしてイメージを深める姿がある。 自分の役割を楽しみながらくり返し表現している。 互いに役割を見合い、想いを伝え合っている。 発表会を嬉しそうに待ち望んでいる姿がある。	*お友達といろいろ遊んだよ 凧あげやコマまわし、お正月遊びなどを表現する *宇宙人の子どもは？ 宇宙人の子どもの遊びをスローモーションで表現する ジャンケンポン・あっち向けホイ・かけっこ・キャッチボール

生活発表会（3月3日）

【効果音とナレーションで進める】

地球の誕生

地球に生まれた生きものたち

お友達といろいろ遊んだよ

宇宙の子どもは？

〈参考・引用文献〉

第1章

1）佐藤三郎・恩田彰：『創造的能力─開発と評価』東京心理、1978
2）日本子どもを守る会編：『子ども白書1993年版』草土文化、1993
3）日本子どもを守る会編：『子ども白書2013年版』本の泉社、2013
4）松本千代栄：『女子体育』1999年7・8月号、日本女子体育連盟、1999

第2章

1）小宮秀一ほか：「身体組成学─栄養・運動・休養─」技報堂出版、2002
2）青山優子・井上勝子ほか：「からだによる表現─子どもの感性と創造力を育む─」ぎょうせい、2002
3）菊地秀範ほか：「0・1・2歳児の運動あそび」萌文書林、2004
4）Bridges, K.M.B., "Emotional deveiopment in early infancy", Child Development, 1932, pp. 324-334.
5）Lewis, M., "The emergence of human emotions. In M. Lewis & J. M. Haviland (Eds.). Handbook of emotions, Guilford Press, 1993, pp. 223-235.
6）Lewis, M., "The emergence of human emotions. In M. Lewis, J. M. Haviland-Jones, & L. F. Barrett (eds.). Handbook of emotions: The 3rd ed. N. Y.: Guilford, 2008, pp. 304-319.
7）繁多進編著：『乳幼児発達心理学─子どもがわかる 好きになる─』福村出版、1999

第3章

1）松本千代栄編著：『ダンス表現学習指導全書　表現理論と具体的展開』pp.108-163、大修館書店、1980
2）瀧信子・青山優子・下釜綾子：「幼児の豊かな身体表現を引き出す手だて」『第一保育短期大学研究』17、pp.31-43、2006
3）髙野牧子編著：『ウキウキワクワク身体表現遊び─豊かに拡げよう！ 子どもの表現世界』同文書院、2015
4）松本千代栄：「舞踊研究　課題設定と課題解決学習Ⅱ─運動の質と感情価─」『日本女子体育連盟紀要』87（1）、pp.53-89、1988
5）柴真理子編著：『臨床舞踊学への誘い─身体表現の力─』ミネルヴァ書房、2018
6）村田芳子：『新学習指導要領対応　表現運動─表現の最新指導法』小学館、2011
7）西谷怜子ほか：『表現・ダンス学習指導の体系化をめざして─幼稚園から高校までの学習内容を考える─』遊戯社、1986

8）松本千代栄編著：『こどもと教師でひらく表現の世界』大修館書店、1985

9）舞踊文化と教育研究の会編：『松本千代栄撰集2　人間発達と表現—幼・小期』明治図書、2008

10）青山優子ほか：『からだによる表現　子どもの感性と想像力を育む』pp.22-29、ぎょうせい、1994

11）青木理子ほか：『新訂　豊かな感性を育む　身体表現遊び』pp.23-32、ぎょうせい、2011

第4章

1）青山優子・井上勝子ほか：「子どもの主体的な遊びを発展させる環境構成」、九州体育・スポーツ学会第49回大会号、p.60、2000

2）瀧信子・青山優子：「幼児の身体活動から見た遊びの事例研究⑵」『第一保育短期大学紀要』12号、pp.39-57、1995

3）青山優子・井上勝子ほか：「子どもの表現遊びを引き出す手だて」、九州体育・スポーツ学会第48回大会号、p.64、1999

4）青山優子：「自然の中での子どもの体験の重要さと表現遊び」『第一保育短期大学紀要』14号、pp.37-45、1997

第5章

1）増田靖弘：『遊びの大事典』東京書籍、1989

2）芸術教育研究所・おもちゃ美術館編：『伝承　顔・指・手・足・体あそび集』黎明書房、1990

3）阿部直美編：『毎日の保育に役立つ　指あそび手あそび100』チャイルド社、1979

4）小林美実：『こどのうた200』チャイルド本社、1975

5）コダーイ芸術教育研究所：『いっしょにあそぼうわらべうた　3・4歳児クラス編』明治図書、1997

6）エリック・カール／もりひさし訳：『はらぺこあおむし』偕成社、1976

7）もりやまみやこ作／ふくだいわお絵：『うちへおいで』ポプラ社、2000

8）エウゲーニー・M・ラチョフ絵／うちだりさこ訳：『てぶくろ』福音館書店、1965

9）間所ひさこ作／仲川道子絵『10ぴきのかえるのおしょうがつ』ＰＨＰ研究所、1992

10）谷川俊太郎作／元永定正絵：『もこもこ』文研出版、1997

11）松谷みよ子作／瀬川康男絵：『いないいないばあ』童心社、1967

12）カズノ・コハラ作／石津ちひろ訳：『まほうつかいのトビィ』光村教育図書、2010

13）ジャック・デュケノワ作／大澤晶訳：『おばけのパーティ』ほるぷ出版、1995

14）アネット・チゾン／タラス・テイラー作／山下明夫訳：『おばけのバーバパパ』偕成社、1972

15）かがくいひろし：『ダルマさんが』ブロンズ新社、2008

16）かがくいひろし：『オシクラまんじゅう』ブロンズ新社、2009

17）いしかわこうじ：『たまごのえほん』童心社、2009

18）中川ひろたか作／荒井良二絵：『かいくんのおさんぽ』岩崎書店、1998

19）得田之久文／織茂恭子絵：『まるまるころころ』童心社、2007

20）とよたかずひこ：『おにぎりくんがね・・』童心社、2008

21）なかがわりえこ文／おおむらゆりこ絵：『ぐりとぐら』福音書店、1963

第6章

1）松本千代栄：「身体をひらき・心をひらく」『女子体育』7・8月号日本女子体育連
　　盟、1999

2）中川ひろたか文／村上康成絵：『さつまのおいも』童心社、1995

3）中川季枝子：『そらいろのたね』福音館書店、1967

●著 者

青 山 優 子 （九州共立大学　特任教授）

井 上 勝 子 （熊本学園大学　名誉教授）

蛯 原 正 貴 （長崎女子短期大学　講師）

小 川 鮎 子 （佐賀女子短期大学　教授）

小 松 恵理子 （鹿児島女子短期大学　名誉教授）

高 原 和 子 （福岡女学院大学　教授）

瀧 　 信 子 （福岡こども短期大学　教授）

宮 嶋 郁 恵 （福岡女子短期大学　教授）

矢 野 咲 子 （福岡こども短期大学　教授）

〔五十音順／職名は第1刷執筆時現在〕

乳幼児のための
豊かな感性を育む 身体表現遊び

令和2年4月15日　第1刷発行
令和5年4月1日　第4刷発行

著　　　者　　瀧　信　子 ほか
発　　　行　　株式会社 ぎょうせい

〒136-8575　東京都江東区新木場1-18-11
URL：https://gyosei.jp

フリーコール　0120-953-431
ぎょうせい お問い合わせ 検索 https://gyosei.jp/inquiry/

印刷 ぎょうせいデジタル㈱　　　　　　　　　©2020　Printed in japan
※乱丁・落丁本はお取り替えいたします。
ISBN978-4-324-10790-4
(5108594-00-000)
〔略号：乳幼児表現遊び〕
日本音楽著作権協会　（出）許諾第2002542-304号